Anna Wahlgren

»Die Welt mit Kinderaugen sehen«

Für Wolfgang Bergmann
(1948–2011)

Anna Wahlgren

»Die Welt mit Kinderaugen sehen«

Warum wir für unsere Kinder kämpfen müssen

Redaktion und ins Deutsche
übertragen von Claus Koch

Wichtiger Hinweis
Die im Buch veröffentlichten Ratschläge wurden mit größter
Sorgfalt und nach bestem Wissen von der Autorin erarbeitet und
geprüft. Eine Garantie kann jedoch weder vom Verlag noch von
der Verfasserin übernommen werden. Die Haftung der Autorin
bzw. des Verlages und seiner Beauftragten für Personen-, Sach-
oder Vermögensschäden ist ausgeschlossen. Wenn Sie sich unsi-
cher sind, sprechen Sie mit Ihrem Arzt oder Therapeuten.

www.beltz.de

1. Auflage 2011

© 2011 Beltz Verlag · Weinheim und Basel
Umschlaggestaltung: www.anjagrimmgestaltung.de,
www.stephanengelke.de (Beratung)
Umschlagabbildung: © Gunnar Haglund
Satz und Herstellung: Nancy Püschel
Druck: Beltz Druckpartner, Hemsbach
Bindung: Beltz Bad Langensalza
Printed in Germany

ISBN 978-3-407-85911-2

Editorische Notiz

In diesem und im letzten Jahr habe ich Anna Wahlgren mehrere Male in Stockholm besucht. In der Bibliothek des traditionsreichen Berns Hotel, in dem schon der schwedische Dramatiker August Strindberg logierte, führten wir lange Gespräche, oft bis tief in die Nacht hinein. Aus den Aufzeichnungen dieser Gespräche und deren Bearbeitung durch Anna Wahlgren ist dieses Buch entstanden.

Anna Wahlgren hat mir von ihrer Kindheit erzählt, von ihren Eltern und Geschwistern. Von ihren Männern, den Liebhabern und den Vätern ihrer Kinder. Und natürlich von ihren neun Kindern, die sie mehr oder weniger allein auf den Weg ins Leben gebracht hat. Sie spricht davon, wie sie mit dem Schreiben begann und wie schließlich ihr Bestseller »Das KinderBuch« entstanden ist. Darin hat Anna Wahlgren aus ihren Lebenserfahrungen ein Erziehungskonzept entwickelt, wie wir unsere Kinder heute so betreuen und erziehen können, dass sie eine glückliche Kindheit erleben dürfen und einen guten Start ins Erwachsenenleben.

Wo chinesisch-amerikanische »Tigermütter« und deutsche Disziplinapostel Härte und unbedingten Karrierewillen schon im frühesten Kindesalter fordern, setzt sich Anna Wahlgren für eine geschützte Kindheit ein: »*Die Welt muss klein sein, bevor sie groß wird.*« Sie kämpft gegen eine Gesellschaft, die Kinder für ihre persönlichen und geschäftlichen Interessen missbraucht. Stattdessen plädiert sie dafür, »die Welt mit Kinderaugen zu sehen« und so die heute zunehmend getrennten Welten von Kindern und Erwachsenen wieder zusammenzufügen.

Liebe, Empathie, Zugehörigkeitsgefühl, die Notwendigkeit eines »Zentrums«, von dem aus Kinder die Welt erobern, Krippenerziehung, Pubertät, die Auswirkungen unseres digitalen Zeitalters auf Kinder und Jugendliche und die zunehmende Vergabe von Psychopharmaka an Kinder sind in diesem Rahmen nur einige von vielen Erziehungsthemen, die dieses Buch anspricht.

Für ihre offene, liebenswerte und authentische Art, mit der Anna Wahlgren über alle Themen hinweg mit mir sprach, bin ich ihr bis heute dankbar.

Heidelberg, im Sommer 2011
Claus Koch

Inhalt

EINS

Meine Kindheit

1
Eltern, Geschwister

Wie hast du dich gefühlt, als du selbst ein Kind gewesen bist?
Wie verlief deine Kindheit?

Ich sage immer: Wenn es irgendjemanden interessiert, die Wüste kennenzulernen, dann kann er meine Kindheit gratis haben.

Meine Eltern ließen sich früh scheiden, als ich sieben Jahre alt war. Und zwei Jahre später verschwand auch meine Mutter – und mit ihr unser Zuhause. Da war ich neun. Danach habe ich kein Zuhause mehr gehabt, bis ich sehr früh das erste Mal geheiratet habe, einen älteren Witwer – ich war damals gerade mal 18 Jahre alt und er 35 Jahre älter als ich. Er hatte schon zwei Kinder, und beide waren älter als ich. Also war es sehr mutig von ihm, mich unter seine Fittiche zu nehmen – und obwohl wir uns schon nach vier Jahren wieder getrennt haben, hat er, solange er lebte, weiter für mich und meine Kinder gesorgt – für alle meine Kinder! Das Eingangsmotto auf der ersten Seite des »KinderBuches« stammt von ihm: »Der Mensch sollte umsorgt werden von Menschen, die ihn lieben.«

Ich war ein verlassenes Kind. Ich konnte nie verstehen, warum meine Mutter, meine Geschwister und ich nicht mehr zusammenleben konnten, warum unser Zuhause aufgelöst wurde. Ich war erst neun Jahre alt und alles war einfach weg. Ich war ein unglückliches und disharmonisches Kind. In mancher Hinsicht bin ich es immer noch. Und ich kann mich immer noch so verlassen fühlen, dass mich in meiner Einsamkeit nichts und niemand trösten kann. Es ist die Einsamkeit eines verlassenen Kindes.

Diese empfundene Heimatlosigkeit war für mich auch deshalb so schwer zu ertragen, weil ich in eine große Familie geboren wurde. Als mein Vater meine Mutter geheiratet hat, brachte er aus seiner Ehe drei Kinder im Teenageralter in unser Zuhause mit, eine Tochter und zwei Söhne, die eine Mutter brauchten, denn ihre eigene Mutter war psychisch erkrankt und deshalb in einer Klinik untergebracht. Seltsam ist, dass sie mit einem Mal wieder gesund wurde und die Klinik für den Rest ihres Lebens verlassen konnte, als sie erfuhr, dass sich mein Vater von ihr scheiden lassen und wieder heiraten wollte. Meine Mutter hatte aus einer kurzen und unglücklichen Ehe schon einen älteren Sohn, damals um die Achtzehn, und auch sie wollte die Familie auf diese Weise komplettieren, wobei sie sicherlich auch die finanzielle Sicherheit gesucht hat. Als Bauunternehmer war mein Vater ein wohlhabender und zunehmend erfolgreicher Mann. Er war, wie man so sagt, neureich, Sohn eines Metzgers, mit nur wenig Schulbildung. Nach und nach wurde er immer reicher, war für seine Arbeit viel im Ausland unterwegs, er traf Könige, Minister und Adlige, aber er lernte nie Englisch oder den zu einer gehobenen Gesellschaft passenden Umgangsstil, keine Manieren, wenn man so will. Meine Mutter dagegen hatte eine gute Erziehung genossen, hatte berühmte Hotelfachschulen in London oder Paris besucht – sie konnte sehr charmant mit den »richtigen« Leuten umgehen, sprach fließend verschiedene Sprachen und wusste, wie man den Angehörigen der gehobenen Schichten begegnet. »Ich werde dich so oft schwängern, dass du mich nie verlassen kannst«, meinte mein Vater zu ihr – und meine Mutter löste das Ticket. Sie bekam drei neue Kinder mit ihm – um den Preis von sozialer und finanzieller Sicherheit.

Alle zusammengenommen hatte ich also vier große Halbgeschwister. Vor mir selbst kam mein Bruder auf die Welt, dann, eineinhalb Jahre später, ich, und vier Jahre nach mir wurde noch eine kleine Schwester geboren. Wie gesagt, wir waren eine ziemlich große Familie, insgesamt neun Personen!

Trotz allem ging meine Mutter ihrem eigenen Beruf als Managerin eines Restaurants nach, sodass unser Anwesen, ein Bauernhof auf dem Land, von Haushälterinnen und Farmarbeitern versorgt wurde. Kindermädchen kamen und gingen, keine von ihnen blieb für längere Zeit bei uns Kindern. Im Alter von eineinhalb Jahren kam ich wegen rheumatischen Fiebers ins Krankenhaus und blieb dort für weitere eineinhalb Jahre. Wie meine Mutter sich später einmal ausdrückte: »Sie haben dich nur zum Sterben nach Hause geschickt.« Aber ich bin nicht gestorben.

Ich denke, ich war in diesem Krankenhaus von der Welt wie abgeschottet, denn meine Eltern haben mich in diesen achtzehn Monaten kein einziges Mal besucht. Damals hieß es, dass Eltern ihre kranken Kinder nicht besuchen dürfen, weil die Kleinen danach zu aufgeregt seien, wenn sie wieder gingen. Ich vermute also, dass meine Einsamkeit und meine Verlassenheitsgefühle schon früh ihre traumatischen Spuren bei mir hinterlassen haben.

Als ich sechs Jahre alt war, verschwand meine kleine Schwester Boel plötzlich. Sie war behindert gewesen, ich glaube, weil sie bei ihrer Geburt zu wenig Sauerstoff bekommen hatte. Ich erinnere mich, dass ihre Mundwinkel immer nach unten hingen, sodass sie nicht sauber essen konnte und das Essen ihr aus dem Mund rann. Oft wurde sie deswegen von anderen Kindern gehänselt, auch, weil sie später immer noch Windeln tragen musste.

Ich als ihre ältere Schwester habe sie immer verteidigt, wenn ich auf sie aufgepasst habe. Ich hätte die anderen Kinder umbringen können für das, was sie mit ihr gemacht haben, ich fand es so übel. Und dann war sie, wie gesagt, plötzlich von einem Tag auf den anderen verschwunden. Meine Eltern hatten sie in eine Anstalt für geistig Behinderte gebracht – worüber man damals nicht sprach. Wir sollten einfach vergessen, dass es sie jemals gegeben hatte! Also habe ich damals nie eine Erklärung dafür bekommen, wo sie ist, keinen Kommentar, nichts, und bis auf einen kurzen Moment, viele Jahre später, habe ich sie nie wieder gesehen.

Waren deine Eltern deswegen deprimiert, unglücklich?

Ich glaube nicht. Alles andere, als ein perfektes Kind zu haben, galt damals als Schande. In dem Moment, als sie weg war, hat man sie einfach vergessen. Ich weiß, dass sie sie über Jahre hinweg nicht besucht haben, wo immer und in welcher Anstalt sie auch untergebracht war, besser gesagt, gefangen gehalten wurde.

Ich aber kann mich gut an sie erinnern, wie sie noch bei uns gelebt hat, zum Beispiel daran, wie ich sie oft in die Schaukel gesetzt habe. Jeden Sommer lieferten die Eltern uns irgendwo ab, meistens bei ihren Freunden. Ich erinnere mich an so eine alte Dame, und bei der waren immer ganz viele Kinder im Sommer. Na ja, und da haben wir gemeinsam geschaukelt. Und ich erinnere mich noch an ein Spiel, das ich immer mit ihr gespielt habe. Ich war ja älter und hatte größere Zähne als sie. Und dann habe ich mit den Fingern immer auf meine Zähne geklopft, so als würde ich Klavier auf ihnen spielen, und das brachte sie dann zum Lachen.

Durch puren Zufall traf ich, als ich schon ziemlich erwachsen war, so um die 20 Jahre alt, einen Freund, den Bruder meines späteren zweiten Mannes, der in derselben psychiatrischen

Anstalt arbeitete, in der meine Schwester untergebracht war. Es war nach langer Zeit die erste Spur von ihr, die ich fand. Und er nahm mich mit, damit ich sie wiedersehen könnte. Da fand ich sie, immer noch so klein und kauernd in der Ecke eines leeren Raumes. Damals, also Anfang der 1960er-Jahre, fand man es nicht nötig, die Räume in den Anstalten zu möblieren, was sich heute natürlich verändert hat. Die Psychiatrien sahen noch wie Gefängnisse aus, die Fenster hatten Gitterstäbe, es gab kaum Mobiliar, und die Insassen verbrachten tatenlos den ganzen Tag, vollgepumpt mit Psychopharmaka.

Am Anfang habe ich sie natürlich gar nicht erkannt, bzw. ich erkannte sie schon, weil ich ja wusste, dass sie es war, aber sie hat mich nicht wiedererkannt. Also habe ich mich vor sie gesetzt, habe ihre Hände genommen und versucht, die Erinnerung in ihr wieder wachzurufen. Aber es gelang nicht, sie saß nur völlig verloren und apathisch vor mir. Sie lebt übrigens immer noch!

Sie lebt noch?

Ja. Aber sie ist auf der Entwicklungsstufe einer Zweijährigen stehen geblieben. Sie kann nicht richtig laufen, sie kann nicht richtig sprechen.

Hast du sie danach noch einmal wiedergesehen?

Ja, sie kam mit zwei Pflegern zum Begräbnis unserer Mutter.

Eigentlich war sie das erste Kind, für das du gesorgt hast?

Genau. Aber es war schwer für mich zu ertragen, dass ich sie nicht mehr erreichen oder mich mit ihr verständigen konnte. Ich habe sie nicht vergessen, aber seit so langer Zeit nun schon keine Schwester. Zumindest fühlt es sich so an.

Und was war mit deinem Bruder?

Mein Bruder? Mein Vater hat ihn viel und heftig geschlagen, als er noch ein Kind war. Mein Vater war sehr gewalttätig und darüber hinaus völlig hilflos und unfähig, ein Kind zu erziehen. Ein Kind zu schlagen und sich gar nicht bewusst zu sein, was man da anrichtet, war zu der Zeit nicht unüblich. Ein Kind zu schlagen, besonders den Sohn durch den Vater, wurde in den 1950er-Jahren noch als etwas ganz Normales angesehen. Es gab sogar ein Gesetz, das vor annähernd 200 Jahren in Schweden erlassen wurde, also so um 1800, und die Eltern geradewegs dazu aufforderte, ihre Kinder zu prügeln, um aus ihnen gute Menschen zu machen.

Was sich mittlerweile hoffentlich geändert hat!

Natürlich. In Schweden ist das schon lange gänzlich unerlaubt. Aber es gibt natürlich auch andere Wege, ein Kind zu verletzen und zu schädigen, als es zu schlagen.

Ich kann mich nicht erinnern, von einem meiner Eltern je ein freundliches Wort gehört zu haben, nicht an eine Umarmung, nicht einmal an ein freundliches »Guten Morgen«. Im Übrigen durften wir sie auch nicht mit »Du« anreden. Mein Vater verschaffte sich Respekt, indem er uns schlug, übrigens auch mich – und das nicht zu wenig!

Mit seinem Verhalten wurde mein Vater meinem Bruder eine Art Vorbild, was dazu führte, dass er auf mich einprügelte, wenn wir uns begegneten (was wir – nach Meinung unserer Eltern – also möglichst vermeiden sollten).

Ich wuchs also in einer Familie auf, in der Feindseligkeit und Gewalt an der Tagesordnung waren. Meine vier anderen Halbgeschwister, die ja viel älter waren als ich, versuchten, ihre eigene Haut zu retten. Sie haben meine Mutter nicht gemocht, denn sie war nicht liebevoll mit ihnen. Mein ältester

Halbbruder Rolf sorgte für mich, aber er verließ Stockholm für seine weitere Ausbildung.

Und dann ließen sich deine Eltern scheiden.

Ja, gerade als es Zeit für mich war, in die Schule zu kommen. Meine Mutter, mein Bruder und ich zogen ins entfernte Stockholm. Alle anderen Geschwister verschwanden von der Bildfläche und diese große Familie zerfiel endgültig in ihre Teile.

In Stockholm kam ich in die Schule und eine der älteren Lehrerinnen mochte mich und ermutigte mich bei meinen ersten Schreibversuchen und ebenso im Lesen. Ich traf dort auf eine freundliche Welt, auch wenn ich mich immer ängstlich fühlte. Jetzt, als mein Vater nicht mehr da war und mich nicht mehr für was auch immer bestrafen konnte, übernahm meine Mutter die Rolle derer, die ständig an mir etwas auszusetzen hatte – mit dem lieben Gott als ständigem Assistenten: Der würde die ganze Wahrheit über mich wissen, drohte sie mir, er wüsste, dass ich eine Lügnerin sei. Immer, wenn ich lügen würde, würde Gott mir einen schwarzen Fleck aufs Herz verpassen, so lange, bis mein Herz ganz schwarz wäre und aufhören würde zu schlagen und ich sterben müsste. Ohne Vorwarnung! Gott war der »große Bestrafer«! Für sie war ich, die einzige Tochter, die ihr geblieben war, die Strafe für ihre Sünden.

Aber ich fühlte mich in dieser Zeit, trotz allem, doch auch glücklich. Ich hatte mein eigenes Zimmer und meine Mutter blieb daheim, sodass wir Kinder nach der Schule nach Hause kommen konnten. Diese zwei Jahre war ich glücklich, das waren zwei schöne Jahre.

Meiner Mutter schrieb ich ohne Unterlass Liebesbriefe, um ihr zu gefallen, und tat alles, was sie von mir verlangte. Ich widerstand den Einflüsterungen meines Bruders, die Schule zu schwänzen, Geld zu stehlen und uns im Tivoli zu vergnügen. Nicht, dass sich meine Mutter besonders viel um mich gekümmert hätte, aber immerhin war sie da, sie machte mir etwas zu essen, wenn ich von der Schule nach Hause kam, ich hatte Freunde, mit denen ich spielen konnte, übrigens ganz in der Nähe dieses Parks, vor dem wir gerade sitzen. Ich lernte Skifahren und Schlittschuhlaufen.

Oft ging meine Mutter abends aus, ins Theater, spielte Bridge oder besuchte Partys. In Stockholm fühlte sie sich wieder zu Hause. Ich half ihr dann, ihre Handtasche für den Abend mit Zigaretten, Puder und Lippenstift zu füllen, und sie verschwand in einer Parfümwolke. Dann war ich allein. Auch mein Bruder machte sich auf den Weg, keine Ahnung, wohin.

Diese zwei Jahre waren meine Kindheit. Ich hatte ein Zuhause, mein eigenes Zimmer mit einem Schreibtisch, ich fing an zu lesen, und ich mochte besonders solche Bücher, in denen viel gesprochen wurde. Das war mein Ding: zu lesen, wie Menschen viel miteinander sprachen.

Dann, als diese zwei Jahre vorüber waren, sagte meine Mutter: »Sorry, Kinder, ich habe endlich eine Arbeit gefunden und leider muss ich fortgehen.« Die Firma verlangte von ihr ein hohes Maß an Mobilität, damit sie erfolgreich eine Restaurantkette aufbauen könnte – ein Jahr hier und ein Jahr dort. Ihre Kinder mitzunehmen war ihr nicht erlaubt. Ich glaube nicht, dass es ihr etwas ausgemacht hat.

Sie machte sich auf den Weg. Mein Bruder kam zu Bekannten in Nordschweden. Die Wohnung, die wir bewohnt hatten, wurde vermietet. Plötzlich stand der Name von jemand anderem an der Tür. Noch viele Tage kehrte ich von der Schule nach Hause zurück, aber es war kein Zuhause mehr. Für kurze Zeit kam ich bei meiner Großmutter unter, die ich bis dahin kaum gesehen hatte. Meine Mutter und sie hatten sich nicht besonders gemocht. Und ausgerechnet die hatte mich jetzt am Hals, worüber sie alles andere als erfreut war. Ich kann mich an kein einziges freundliches Gespräch mit ihr erinnern, aber ihre alte

Haushälterin war nett zu mir. Wie sie durfte auch ich nicht den Haupteingang benutzen, sondern musste den Kücheneingang nehmen.

Nach zwei oder drei Monaten – oder waren es nur zwei oder drei Wochen? – entschied meine Mutter, dass ich zu meinem ältesten Bruder Rolf kommen sollte, um für ihn zu kochen und das Haus in Ordnung zu halten. Ständig unterwegs, war er nicht viel zu Hause, aber wenn, dann war er freundlich zu mir. Ich war damals neun oder zehn Jahre und meine Mutter gab mir Kochrezepte und die Anweisung, für ihn zu kochen, sein Bett zu machen und für ihn seine Socken und Zeitungen vom Boden aufzuheben.

Rolf sorgte dafür, dass ich mit zehn Jahren auf ein Internat kam. Es war so eine Art »Eliteinternat«, wie wir heute sagen würden, er wollte, dass ich mit Kindern von wohlhabenden und gebildeten Menschen zusammenkomme. Das war eine ziemlich teure Angelegenheit, aber er konnte sich das Schulgeld von meiner Mutter besorgen, die es sich wiederum von meinem Vater holte. Ich fragte nicht groß und es war mir letztlich auch egal. Eigentlich wollte ich nur wieder nach Hause kommen, aber es gab keines mehr.

Fünf Jahre habe ich auf diesem Internat verbracht, fünf Jahre, in denen ich ständig unglücklich war und mich meine Eltern nie besuchten. Meine Mutter korrespondierte mit der für die Mädchen verantwortlichen Schuldirektorin, die ihr einmal zurückschrieb: »Annas Interesse für jüngere Kinder können wir als nicht normal betrachten.« Es waren jene, die mir später einmal dafür gedankt haben, dass ich sie, die sich ebenso verlassen und traurig fühlten wie ich, getröstet und beschützt hatte.

Rolf und ein Sohn meines Vaters, Sven, kamen in dieser Zeit zweimal, um nach mir zu sehen. Große Brüder, die mich wenigstens nicht völlig im Stich ließen – im Gegensatz zu meinen Eltern!

Manchmal während der Schulferien habe ich meinen jüngsten Bruder gesehen, wir kamen dann zu meiner Mutter, dorthin, wo sie gerade lebte. Irgendwie arrangierte sie, dass wir irgendwo außerhalb schlafen konnten. Im Sommer haben wir dann auch unseren Vater besucht, aber beide Eltern waren nie wirklich für uns da und beauftragten andere, in der kurzen Zeit, die wir bei ihnen waren, für uns zu sorgen. Mein Bruder attackierte mich weiterhin, wahrscheinlich aus Frustration und Neid – wobei mir schleierhaft blieb, worauf er neidisch gewesen sein sollte. Und dann kehrte ich ins Internat zurück, mit einem blauen Auge oder vielen blauen Flecken. Er hat mich wirklich mehr als nur schikaniert und gleichzeitig dafür gesorgt, dass ich weder meiner Mutter noch irgendjemand anderem etwas erzähle. So lernte ich schon früh zu schweigen. Und ich war schon damals, als ich noch ganz jung war, der festen Überzeugung, dass alles Schlechte, das mir widerfuhr, allein meine eigene Schuld sei. Und meinem Vater habe ich schon mal gar nichts gesagt. Auch der hatte in meiner Kindheit und Jugend ja nur dann Notiz von mir genommen, wenn er mich für etwas bestrafen und dann dafür schlagen konnte. Ein freundliches oder mitfühlendes Gespräch – »Guten Morgen, wie geht es dir?« oder etwas in dieser Richtung – Fehlanzeige! Mein Vater war uns Kindern gegenüber ein *Despot*, uns allen, bis auf seine erste Tochter, die er zärtlich liebte. Doch sie wanderte mit 17 Jahren in die USA aus, heiratete früh und ist nie wieder nach Schweden zurückgekehrt.

Wie ich schon sagte, war meine Mutter eine für damalige Verhältnisse sehr moderne Frau, auch mit ihrer, wie ich es sehe, irrtümlichen Vorstellung, ihre Kinder, um »frei« zu sein und sich selbst zu verwirklichen, aus ihrem Alltagsleben herauszuhalten. Sie war gebildet und gut erzogen und sie wollte arbeiten, wie sie es immer schon getan hatte. Nicht, weil sie kein Geld hatte, mein Vater zahlte Alimente für sie und für uns. Nein, es ging ihr um ihr ganz persönliches Wohlbefinden, sie konnte einfach nicht gut mit Kindern. Kinder waren nicht ihre Sache – aber sie hatte nun mal vier davon! Meinen großen Halbbruder Rolf, meinen Bruder, mich und meine kleine Schwester Boel. Sie hatte vier Kinder und tat alles, um sie loszuwerden.

Ihren ältesten Sohn hat sie auf ein Internat nach England geschickt, als er gerade mal fünf Jahre alt war! Er kannte dort niemanden. Als ihr das Geld ausging, holte sie ihn nach Schweden zurück, nur um ihn bei Verwandten unterzubringen, die er auch nicht kannte. Er konnte auch gar kein Schwedisch mehr. Als Erwachsener war er beruflich erfolgreich, aber sein Privatleben war elend. Am Ende wurde er psychisch schwer krank. Er verweigerte meiner Mutter, ihn zu besuchen, und starb viel zu früh.

Auch mein Bruder wurde fortgeschickt, weit weg zu Leuten, die ihm völlig fremd waren. Meine kleine Schwester wurde verlassen und vergessen. Und was mich betrifft, tat meine Mutter alles dafür, mich als psychisch krank abzustempeln. In all diesen fünf Jahren, die ich auf dem ersten Internat war, ab dem Alter von zehn Jahren, wollte sie mich glauben machen, dass das eigentliche Opfer sie selbst war. Wie schrecklich es für eine Mutter sei, ihre Kinder nicht bei sich haben zu können. Wie böse doch die Welt ist. Dass der Vater nicht bezahlt usw. usw. Natürlich habe ich ihr das geglaubt. Ich hatte also Mitleid mit ihr, dass sie nicht mit uns leben konnte und dass sie keine andere Möglichkeit hatte, als unser schönes Zuhause in Stockholm aufzulösen. Ich habe sie sogar dafür getröstet.

Und jetzt wirst du auch verstehen, warum ich immer wieder betone, dass Kinder einen Platz brauchen, der ihr »Zuhause« ist. Wenn du ihnen den nimmst, wenn du buchstäblich keine Postanschrift mehr besitzt, wenn man Kinder eines solchen Zentrums beraubt, dann gehen sie verloren. Auch Erwachsene verlieren sich.

Als ich sechzehn Jahre alt war, hatte meine Mutter endlich eine eigene Wohnung, in Südschweden, in einer kleinen Stadt, in der es ein Gymnasium gab. Vorher hatte sie an verschiedenen Orten gewohnt, in Firmenwohnungen, wo es ihr, wie gesagt, nicht erlaubt war, zusammen mit ihren Kindern einzuziehen. Jetzt insistierte ich, das Internat verlassen und zu ihr zurückkehren zu dürfen. Ich war wirklich glücklich für uns beide. Schlussendlich würde ich doch wieder mit meiner Mutter zusammenleben. Und mein Bruder dachte wohl genauso. Dagegen fand auch sie kein Argument, schließlich konnte sie es nicht mehr auf die böse Welt da draußen schieben. Ihr blieb nichts anderes übrig, als uns zu Hause willkommen zu heißen. Und ich war richtig glücklich. Ich würde wieder mein eigenes Zimmer in einer schicken Wohnung haben. Ich umarmte die Tapete und weinte vor Glück. Aber schon nach drei Tagen erlebte ich den Schock meines Lebens. Ich begriff, dass sie mich überhaupt nicht bei sich haben wollte. Abgesehen davon, dass sie mich nicht liebte, bemerkte ich, dass sie mich nicht einmal mochte. Das ganze Gerede, wie wunderbar es wäre, wenn wir wieder bei ihr sein könnten, war also nicht wahr gewesen. Sie verhielt sich so, als würde sie mich wirklich hassen. Vielleicht war sie eifersüchtig, keine Ahnung. Ich war ja schön und jung und sie bereits zweimal geschieden und frustriert, besonders was ihr Gefühlsleben betraf. Offensichtlich war die Beziehung zu meinem jüngeren Bruder inzestuös gefärbt, so wie dies auch in ihrer Beziehung zu Rolf der Fall gewesen war.

Und mit 18 Jahren bist du dann deine eigenen Wege gegangen.

Nein, nein, ich war schon früher davongelaufen. Habe oft die Schule geschwänzt und bin hin und wieder auch von zu Hause weggelaufen. Und bevor das erste Schuljahr in dieser neuen Stadt dann vorüber war, war ich schon über alle Berge.

Wenn ich irgendetwas von meiner Mutter gelernt habe, dann zum Beispiel die Kunst, auch selbst grausam zu sein. An diesem dritten Tag, nachdem ich wieder bei ihr eingezogen war und ich realisierte, dass sie mich überhaupt nicht bei sich haben wollte, war sie auf mich wütend, aus irgendeinem, womöglich durchaus nachvollziehbaren Grund. Hasserfüllt blitzten ihre Augen, sie griff mir an die Brüste und kniff meine Brustwarzen, so fest sie konnte. Ich kann immer noch den unvorstellbaren Schmerz verspüren. Ich gefror, sagte nichts, tat nichts, ging zurück auf mein Zimmer, schloss mich ein und begriff endlich, dass sie mich von Grund auf hasste. Es machte ihr Spaß, mich zu verletzen.

Es gibt noch ein etwas gewählteres Beispiel für solche Kunst, grausam zu sein.

Meine Mutter kritisierte ständig, wie ich aussah und wie ich mich anzog. Eines Tages schlug sie mir zu meiner eigenen Überraschung und Freude vor, mit mir zu einer Schneiderlehre zu gehen – damit es möglichst billig war –, um mir dort ein hübsches und »repräsentatives« Kleid anfertigen zu lassen. Ich machte ihr ein paar Vorschläge, wie ich mein Kleid haben wollte, und sie stimmte herzlich zu. Ich fühlte mich richtig glücklich. Sie selbst wählte den Stoff und die Farbe (Grau). Ich freute mich, dass meine Mutter etwas einmal nur für mich tat und mich sogar nach meinen Wünschen gefragt hatte. Als die ganze Prozedur des Anprobierens geschafft und das Kleid endlich fertig war – ein sehr dezentes Modell mit langen Ärmeln, hohem Kragen und einem nicht zu kurzen Rock – bin ich dann mit dem Kleid in einer Tasche nach Hause gekommen, stolz, glücklich und dankbar.

Meine Mutter hatte gerade ihre Kusine bei sich, eine ältere Frau, beide saßen auf dem Sofa und tranken ein Glas Sherry. Als ich mit der Tüte hereinkam, sagte sie, dass ich das neue Kleid anziehen und es ihnen zeigen solle. Wieder war ich außer mir vor Freude, ging in mein Zimmer, zog das neue Kleid an und kehrte ungemein stolz ins Wohnzimmer zurück, ihnen mich und mein neues Kleid zu präsentieren. Und dann sagte meine Mutter vor ihrer Kusine:»Es ist seltsam, egal, was du anziehst, du siehst immer wie eine Hure aus.« Und meine alte Tante, die neben ihr wie auf einer Geschworenenbank saß, stimmte ihr zu:»Wie recht du hast!«

Genau so muss man es anstellen, um die innere Freude von jemandem zu ersticken. Und dass Eltern diese Freude, die jedes Kind in sich trägt, zerstören, lässt sich bis heute täglich beobachten. Nicht unbedingt, weil sie nur böse und ungerecht sind wie meine Mutter, sondern durch bloße Gedankenlosigkeit. Sie denken, ihre Kinder durch Zurückweisen, durch Verachtung oder Bedrohen disziplinieren zu können. Bei viel zu vielen Kindern ist der freudige Glanz in ihren Augen schon im Alter von nur ein oder zwei Jahren erloschen, so lange, bis ihr Lachen dann immer leiser wird und ihr glücklicher Gesichtsausdruck erstirbt. Meiner Meinung nach ist es ein Verbrechen, Kindern die Freude am Leben auszutreiben, egal, wie alt sie sind. Ein Verbrechen!

Während dieser etwa sechs Monate, wieder zurück bei meiner Mutter, begegnete ich mit sechzehn meiner ersten Liebe, einem jungen Mann. Nun ja, so jung war er nun auch wieder nicht, immerhin etwa zehn Jahre älter als ich. Hals über Kopf hatte er sich auf den ersten Blick in mich verliebt.

Er besaß nichts, hatte kein Zuhause, hatte keine Familie. In Stockholm hatte er vor geraumer Zeit eine Ausbildung begonnen – er wollte Ingenieur werden – und hatte sich für ein Studium ein Darlehen vom Staat besorgt, so wie es viele zu dieser Zeit gemacht haben. Statt zu studieren, gab er sein Geld jedoch für Drogen aus, auch wenn er zum Glück schon bald wieder davon loskam. Danach flüchtete er aus der Großstadt und landete, zusammen mit einem Freund, in »meinem« kleinen Kaff in

Südschweden. Als ich ihn traf, besaß er nur zwei T-Shirts und zwei Hosen und ich fing an, ihm aus Mitleid manchmal seine Sachen zu waschen, und erzählte im Übrigen auch meiner Mutter von ihm. Sie wiederum rief postwendend meinen Vater an, um sich erneut über mich zu beklagen.

Auch ich mochte ihn und verliebte mich schnell in ihn. Er war ein toller Mensch und dafür, wie er lebte, war er ungemein gebildet. Er entführte mich in die Welt des Balletts, der klassischen Musik und schönen Literatur. Und eines Tages habe ich zu ihm gesagt: »Lass uns ins Bett gehen und miteinander schlafen.«

Er brauchte eine ganze Woche, um mich von meiner Unschuld zu befreien, was nicht einfach war, denn ich war bis zu diesem Zeitpunkt unberührt gewesen und noch sehr scheu. Es passierte in einem Haus von Freunden außerhalb der Stadt – während einer Woche, in der wir kaum das Bett verlassen haben. Wir hatten wirklich viel Spaß miteinander. Ingemar, wie er hieß, war einfach unwiderstehlich, zärtlich, lustig und einfühlsam, alles zusammen.

Die ganze Geschichte endete damit, dass am letzten Tag plötzlich mein Vater mit seinem Auto vor dem Haus auftauchte. Meine Mutter wird ihn alarmiert haben, ich war schließlich von zu Hause weggelaufen, schwänzte die Schule und war verschwunden. Und offensichtlich ahnte sie, mit wem ich zusammen war und wo ich mich aufhielt. Also kam er, um mich wieder aufzulesen. Er nahm mich mit zu sich, dorthin, wo er mit seiner neuen Frau lebte, in eine andere Stadt. Er hat mich zuerst in ihrer Gegenwart verprügelt und dann morgens, als er das Haus verließ, auf dem Dachboden eingesperrt, von wo aus es keine Chance für mich gab, ihm zu entkommen.

Eine Haushälterin brachte mir das Essen. Sie kam, öffnete die Tür und verschloss sie wieder, wenn sie ging. Um sechs Uhr kam mein Vater nach Hause, ließ mich raus, nahm mich in sein Zimmer und schlug mich, was manchmal bis zu einer halben Stunde dauern konnte. Als Bestrafung für das, was ich getan hatte. Seine neue Frau riet mir, mich bei ihm zu entschuldigen, aber ich wollte nicht. Ich wurde immer unnahbarer. Ich erinnere mich, dass meine Stiefmutter es nicht fassen konnte, dass ich überhaupt nicht weinte. Wahrscheinlich wäre es aber besser gewesen.

Stattdessen ging der Terror weiter. Und ich konnte ihm nicht entkommen, weder durch die Tür noch durchs Fenster. Ein Telefon gab es nicht und so blieb ich tagelang eingesperrt, konnte nichts dagegen unternehmen und nur warten, bis die Uhr abends sechs schlug.

Die Haushälterin hatte Mitleid mit mir. Sie hat nichts gesagt, natürlich war sie ihrem »Herrn« ergeben, aber wie gesagt, ich spürte ihr Mitleid. Ich habe sie dann ausgenutzt, zugegeben kein feiner Zug von mir, aber ich war zu verzweifelt und wollte da einfach hinauskommen.

Im Haus gab es einen Hund. Und am vierten Tag bat ich sie, als sie mir das Essen brachte, den Hund ausführen zu dürfen, um etwas frische Luft zu bekommen. Wenigstens für fünf Minuten. Sie ließ mich raus und ich rannte zur nächsten Telefonzelle, um meine Mutter anzurufen. »Du hast uns Kindern erzählt, dass du dich von Vater hast scheiden lassen, weil er uns geschlagen hat. Stimmt's?« »Ja«, sagte sie. »Und weißt du, was er gerade mit mir macht? Genau das. Jeden Abend, wenn er nach Hause kommt.«

Endlich konnte ich gehen. Mein Vater setzte mich in einen Zug, der mich zu ihr brachte. Und kaum war ich wieder bei ihr gelandet, verkündete sie mir noch am selben Tag, ein neues Internat für mich gefunden zu haben. So war ich denn schon am nächsten Tag auf dem Weg zu meinem nächsten »Zuhause« außerhalb von Stockholm. Und Ingemar trampte mir hinterher.

Als ich auf das neue Internat kam, war die Hälfte des Schuljahres bereits vorüber. Jetzt war ich siebzehn Jahre alt. Meine Zimmergenossin war ein kleines, zehnjähriges Mädchen. Schnell bekam ich mit, dass sie von der Aufsichtsperson des Schlafsaales schlecht und schroff behandelt wurde, weshalb sie viel weinte. Ich habe sie dann verteidigt, so wie meine kleine Schwester vor vielen Jahren und die anderen jüngeren Kinder in meinem ersten Internat. Die Aufseherin versuchte natürlich, meinen wütenden Attacken zu entkommen, ich erinnere mich noch heute daran, wie ich über die Treppen hinter ihr hergerannt bin, um sie zu zwingen, mir zuzuhören. Sie flüchtete sich durch den Flur in ihre eigene Wohnung und verriegelte die Tür. Wahrscheinlich hat sie sich beim Direktor über mich entsprechend beschwert und ihm ein Ultimatum gestellt: »Entweder verlässt Anna den Schlafsaal oder ich gehe!« Immerhin hatte sie seit 27 Jahren dort die Aufsicht geführt und es wäre absolut nachvollziehbar gewesen, dass der Direktor mich geopfert hätte, statt sie gehen zu lassen. Doch schnell fand er eine andere Lösung und verfrachtete mich in einen anderen Bereich der Schule.

Ingemar war in meiner Nähe und irrte heimatlos durch Stockholm. Wenn das Wetter es zuließ, schlief er am Sockel der Statue von König Gustav dem Dritten am Hafenbecken. Gustav den Dritten nannte man übrigens den Louis XIV. des Nordens. Er baute der Stadt Stockholm ihre schöne Oper (in der er 1792 allerdings ermordet wurde). »Ich zeige dir die Oper und das Ballett. Für sechs Kronen, oben im 3. Rang«, sagte Ingemar zu mir. Und tat es. Einmal in der Woche besorgte ich mir vom Internat eine Ausgeherlaubnis, wofür ich natürlich kämpfen musste, denn im Prinzip war es nicht gestattet. Ich tat es auch ohne. Zusammen haben wir jede Oper und jedes Ballett gesehen, die in der damaligen Spielzeit aufgeführt wurden. Ich konnte kaum glauben, dass wahr ist, was ich gerade erlebte. Es war mir ja immer gesagt worden, wie wertlos ich sei, ein

Nichtsnutz. Deswegen war ich mir übrigens auch ganz sicher gewesen, dass man mir gar nicht erlauben würde, das Opernhaus zu betreten. Aber Ingemar überzeugte mich, indem er sagte: »Du brauchst nur diese sechs Kronen und dann kommst du da auch rein!« Und ich kam da rein! Für mich öffnete sich eine wunderbare Welt – die sogar *ich* betreten durfte.

Außerhalb der Oper gab es keinen wirklichen Ort, an dem wir zusammen sein konnten. Manchmal nahm er mich mit zu alten Freunden, Junkies, und ich bekam mit, wie einer von ihnen starb. Danach waren Drogen für mich tabu, auch wenn Ingemar mir welche vorschlug, die »harmlos« seien. Bis heute nehme ich keine Tabletten ...

Was Ingemar betraf, verloren wir uns aus den Augen, ein halbes Jahr nachdem das Schuljahr vorbei war. Er endete bald darauf in der Psychiatrie, wo er immerhin ein Dach über dem Kopf hatte und an legale Drogen herankam. Soweit ich weiß, ist er nie wieder ein freier Mann geworden.

Nach der Schule kehrte ich mit meinem Abschlussexamen in der Hand zu meiner Mutter zurück. Aber bereits nach drei Tagen war mir erneut klar, dass ich dort nicht bleiben konnte. Sie wollte mich einfach nicht bei sich haben. Wieder versuchte sie von Ärzten die Diagnose zu bekommen, ich sei nicht ganz richtig im Kopf. Ich flüchtete und rannte um mein Leben, oder besser, um meine Gesundheit.

Danach habe ich nie wieder mit meiner Mutter oder meinem Bruder zusammengelebt. Insgesamt waren es also acht oder neun Monate, die ich mit ihnen – mit großen zeitlichen Abständen – dort in Südschweden verbracht habe. Und die zwei Jahre in Stockholm, als ich zwischen sieben und neun Jahre alt war. Mit meinem Vater war ich nie mehr zusammen.

Wenn man heute auf meine Kindheit zurückblickt, würde wahrscheinlich nicht nur jeder Psychologe sagen: Ein Kind, das unter solchen Umständen groß geworden ist, mit geschiedenen Eltern, einem verloren gegangenen Zuhause, mit einem Vater, der seine Kinder verprügelt hat, und mit einer feindseligen Mutter, wird später mit großer Sicherheit unfähig sein, irgendjemanden zu lieben, für irgendjemanden etwas empfinden zu können. Ein derart körperlich wie psychisch missbrauchtes Kind wird dazu nicht in der Lage sein. Was soll denn unter solchen Umständen anderes herauskommen?

Und genau deshalb bin ich sehr stolz, dass ich es überstanden habe, dass ich meinen Kindern genau das geben konnte, was mir gefehlt hat. Sicherlich, ich bin sieben Mal geschieden, ich war also nicht in der Lage, mich selbst glücklich zu machen. Aber ich konnte meinen Kindern all das geben, was sie für eine gute Entwicklung brauchten, ich konnte sie zu anständigen Menschen erziehen, fähig, zu lieben, empathisch, selbst liebenswert und sozial denkend und empfindend.

Es ist schon so oft gesagt worden und mit so viel Nachdruck, dass es fast selbstverständlich erscheint: Ist man selbst nicht ausgeglichen und kann seine eigenen emotionalen Schwierigkeiten nicht bewältigen, kann man auch seinen Kindern nicht die Pflege und Betreuung geben, die sie brauchen, um alle ihnen innewohnenden Möglichkeiten zu entfalten, um später selbst zu ausgeglichenen Erwachsenen zu werden. Was dann wiederum die Voraussetzung dafür wäre, selbst Kinder aufzuziehen, die in sich ruhen. Heute weiß ich, dass es nicht so sein muss. Und es gibt viele wie mich. Alle tragen wir so viel Schmerz und Gefühle der Entwurzelung mit uns herum in unserem Gepäck auf der Reise durchs Leben, sind mehr oder weniger verletzt worden, mal aus größeren, mal aus kleineren Anlässen heraus. Aber wir müssen uns deswegen als Eltern nicht selbst für untauglich erklären.

2
Wie ich überlebt habe: Die Liebe der anderen ausspionieren

Wie du selbst sagst: Eigentlich hättest du keine Chance gehabt, da halbwegs heil herauszukommen. Konntest du dich denn manchmal ganz in dich, in etwas noch Heiles und von allem Unberührtes zurückziehen und die ganze Welt um dich herum ausblenden und vergessen, konntest du in eine Fantasiewelt flüchten, in Bücher und die Geschichten anderer? Eine Art »Gegenwelt aufbauen« zu dem, was du erlebt hast? Was genau war dein Überlebensprinzip? Woraus hast du die Kraft bezogen, nicht nur am Leben zu bleiben, sondern deine Liebe an deine Kinder weiterzugeben? Als Kind, das selbst nie geliebt wurde?

Ich will versuchen, dir zu antworten. Es ist deswegen eine so wichtige Frage, weil sie doch weit über das hinausgeht, was mit mir geschah, ein einzelnes Kind, dem in seiner Kindheit so viel Schlimmes widerfahren ist. Im Kern geht es dabei um das Menschsein, um das, was den Menschen ausmacht. Es geht um die ganze menschliche Spezies. Wir sollten es von dieser Seite her sehen, wie ich es immer tat und auch heute immer noch tue. Welche Hoffnung besteht für dieses Menschsein? Was genau ist unser Überlebensprinzip? Oder, anders formuliert, unsere Fähigkeit, *menschlich* zu überleben? Wie sieht dieses Menschsein aus, was ist sein Geheimnis? Denn andererseits sind wir perfekt dazu in der Lage, uns gegenseitig umzubringen und unseren Planeten zu zerstören und damit uns selbst. Aber wir tun es nicht, etwas hindert uns daran. Ich nenne dieses »Etwas« Liebe. Wir können es auch Gott nennen oder himmlische Liebe. Vom Prinzip Gut gegen Böse sprechen, egal. Fakt ist, dass wir Menschen und keine andere Spezies sich die Welt untertan gemacht haben. Ohne das Prinzip des Bösen wäre das nicht gegangen. Aber die Kräfte des Guten sind mächtig, mächtiger als das Böse. Was also rettet uns? Was hat mich persönlich gerettet? Was gibt uns immer wieder die Kraft, um zu überleben? Und, hoffentlich, sogar mehr als das – was gibt uns die Kraft, um zu lieben?

Meine Eltern haben mich eindeutig gelehrt, dass ich keine Rechte besaß, egal, worum es ging. Sie haben mich mit Worten und Taten immer und immer wieder daran erinnert, dass ich nicht geliebt werde, nicht erwünscht bin, niemals recht habe. Ich habe noch immer ein schlechtes Gewissen, wenn ich eine ordentliche Mahlzeit verzehre – weil andere es mehr verdient hätten als ich, der auf dieser Welt einfach nichts Gutes zusteht, weil sie so schlecht ist. Was für eine Lektion für ein Kind! Eine Lektion, die ein Leben lang wirkt.

Aber daneben existiert auch eine andere Seite – vielleicht könnte man sie die »gute Seite« nennen, wenn man versucht, es sehr, sehr positiv zu sehen. Um deiner eigenen Existenz einen Sinn zu geben, so wie ich es gelernt habe, musst du dir deine Mahlzeit, deinen Platz auf dieser Erde *verdienen*. Was also sollte ich tun? Wie konnte ich – als diese schlechte Person – meine Daseinsweise verteidigen? Ich konnte es nicht. Ich kann es immer noch nicht. Aber ich konnte wenigstens die Existenz anderer verteidigen, also wenigstens *ihr* Recht, zu existieren. Die Existenz anderer Kinder. Die Existenz derer, die jünger waren als ich, körperlich weniger stark (ich selbst war eine Kämpfernatur), die sich nicht selbst verteidigen konnten – ich konnte es *für sie* tun, und ich tat es. Ich glaube, ich war die geborene Beschützerin. Erst für meine kleine Schwester, später für andere rechtlose kleine Wesen, denen die eigene Sprache abhandengekommen war.

Die Kinder, denen ich heute versuche zu helfen – gut zu schlafen, satt zu sein und geborgen, zu lachen und zu lächeln –, sind mir völlig unbekannt. Doch ich weiß um ihre Bedürfnisse nach Schutz und kann ihnen helfen, obwohl ich das immer noch nicht für mich kann. In allen Menschen stecken also diese Liebe, diese Empathie und dieser gute Wille, auch in mir. Die Kunst ist, diesen Eigenschaften Taten folgen zu lassen und Worte zu verleihen.

Dann hast du also dein Erwachsenenleben nicht von deinen Kindheitserfahrungen getrennt?

Nein, die Kindheit lässt sich nicht ausradieren. Sie hinterlässt Spuren in deiner Seele. Als Kind musst du dich den Umständen, in die du hineingeboren wurdest, anpassen, eine andere Lösung gibt es nicht. Dennoch gibt es eine Grenze, wie traurig und wie lange du traurig sein kannst. Entweder du härtest dich ab, du fliehst, oder du verlierst den Verstand. Es geht darum, irgendwie damit umgehen zu können. Oder vielleicht auch nicht.

Im Ernst, es gibt etwas, das uns hoffen lässt. Menschen sind sich selbst die größte Hoffnung. In Krisen oder aus Notwendigkeit heraus können Menschen über sich hinauswachsen. Sie holen alles aus ihren Fähigkeiten heraus und diese Fähigkeiten können unbegrenzt sein.

Aber was hat diesen Glauben an das Gute in dir gestärkt, in einem Umfeld, in dem das Böse, wie du es ausgedrückt hast, so übermächtig schien?

Was mich buchstäblich am Leben gehalten hat, war, dass ich eine gute Spionin war. Ich habe die Leute um mich herum ausspioniert. Ich habe Beweise dafür gesammelt, dass es Liebe gibt, Zuneigung, Zärtlichkeit und Zuwendung. Ich habe diese Beweise gesammelt wie andere Leute Briefmarken, Insekten oder egal was. Ich habe aktiv nach dem Beweis dafür gesucht, dass solche Liebe existiert, und sie existierte damals genauso wie heute. Sie führt eine Art Eigenleben. Es ist buchstäblich die Liebe, die das Leben von so vielen Kindern überall auf der Welt rettet. Es ist Liebe, die die Menschlichkeit bewahrt. Ich weiß nicht mehr genau, wann ich das gelernt habe oder wie ich es gelernt habe, nachträglich gesehen war es vielleicht eine Krankenschwester, die einfach gut zu mir war, damals, als ich als noch ganz kleines Kind eineinhalb Jahre im Krankenhaus gewesen bin, ohne dass meine Eltern mich besucht haben.

Wenn niemand dieses kleine Kind, das ich damals war, gestreichelt hätte, hätte ich nicht überlebt. Hätte mich niemand angelächelt, wäre niemand nett zu mir gewesen, wäre ich gestorben, das ist bewiesen, unabhängig davon, ob ein Kind genug zu essen bekommt. Kinder verdorren und sterben, wenn man ihnen keine Zärtlichkeit gibt, das ist ein Grundprinzip des Lebens.

Seit meiner Geburt bis zu diesem Krankenhausaufenthalt und auch danach haben Kindermädchen für mich gesorgt und vermutlich auch für meinen Bruder. Meine Mutter war zu ihnen nicht gerade freundlich, und sie kamen und gingen in regelmäßiger Abfolge, blieben nicht lange. Aber einige von ihnen oder zumindest eine muss mich gemocht und mit etwas Freude und Mitgefühl für mich gesorgt haben. Sie müssen das unschuldige Kind in mir gesehen haben, unabhängig davon, wie sich meine Mutter verhalten hat. Wie wir wissen, können Menschen lange Zeit mit kleinsten Essensrationen überleben. Auf gleiche Weise reicht auch nur sehr wenig Liebe zum Überleben aus – Liebe, auch indirekte Liebe oder eben der sichtbare Beweis, dass Liebe zwischen anderen Menschen existiert.

Liebe zwischen anderen Menschen kann sich übertragen.

Wenn du ein glückliches Paar siehst, tief ineinander verliebt, dann lächelst du, nicht wahr? Ihre Liebe berührt dich. Also auch, wenn es gar nichts mit dir selbst zu tun hat, macht ihre Liebe dich glücklich und gibt deinem Leben eine gewisse Bedeutung – der Beweis einer unzerstörbaren, ewigen Liebe, die Leben retten kann genauso, wie sie Leben schenkt.

Als ich zwischen sieben und neun Jahren alt war und bei meiner Mutter zusammen mit meinem Bruder in Stockholm lebte, bin ich gerne in die Schule gegangen, ich freute mich, lesen und schreiben zu lernen. Ich habe sogar noch ein paar Aufsätze aus dieser Zeit aufgehoben, mit wunderbar klarer Handschrift, die bei jeder Geschichte eine andere Gestalt annahm. Und durch die Schule bin ich natürlich auch mit anderen Familien in Berührung gekommen, auch, wenn ich manchmal nach der Schule noch bei meinen Freundinnen blieb.

Ich weiß noch, wie eine Freundin von damals hieß, Yvonne. Als wir zu ihr nach Hause kamen, hat mich ihre Mutter sehr freundlich empfangen, und ich bekam sogar einen heißen Kakao von ihr serviert. Ich saß da, in diesem wunderbar eingerichteten Wohnzimmer, und wurde wie ein guter Gast behandelt. Und ich bekam mit, wie zärtlich diese Mutter mit ihrem Kind sprach. Es war das erste Mal, dass ich eine Mutter »Schatz« oder »Liebling« zu ihrem Kind sagen hörte. Und ich sah, wie sie ihr Kind umarmt und geküsst hat. Natürlich hätte ich auch total eifersüchtig reagieren können, aber ich war nicht eifersüchtig. Überhaupt nicht. Vielmehr sah ich das, was sich da vor meinen Augen abspielte, als Beweis dafür an, dass es so etwas wie Liebe zwischen Eltern und ihrem Kind wirklich geben kann, ja, dass es Liebe überhaupt gibt. Es ist möglich, dass Eltern ihre Kinder lieben! In diesem Moment war ich glücklich.

Es ging mir so ähnlich wie vielen Menschen bei einer Hochzeit. Alle lassen sich vom Glück des Paares anstecken, in der Kirche, draußen. Alle wünschen dem Paar nur das Beste. Sie wollen einfach nur sehen, dass zwischen zwei Menschen solche Liebe existiert. Dasselbe passiert, wenn ein Kind auf die Welt kommt. Jeder im Raum lächelt und fühlt in seinem Inneren etwas, das sich gut anfühlt. Jeder im Raum will für dieses Kind nur das Beste. Auch daraus wird ersichtlich, dass die Liebe dem Leben Bedeutung zu geben vermag. Sie ist es, die über den Tod, das Böse und Schlechte triumphiert. Ihre Kraft ist unbegrenzt.

Ich bin der festen Meinung, dass jeder Mensch diese Liebe in sich trägt. Es handelt sich um eine Liebe, die unser Universum erfüllt, eine Liebe, die wirklich existiert. Nur sie gibt unserem Leben wirkliche Bedeutung. Deswegen wollen wir alle, ausnahmslos alle, geliebt werden. Man kann das, wie gesagt, gut beobachten, wenn zwei Menschen heiraten und die Kirche voller Leute ist, Leute, die lächeln oder schluchzen. Was die Leute verbindet, ist dieses gute Gefühl, das sie alle in sich tragen. Daraus entsteht eine allumfassende Liebe.

Du hast diese Liebe ausspioniert?

Natürlich nicht bewusst, aber ich habe es mir fast zum Sport gemacht, in meiner Umgebung nach Liebesbeweisen zu suchen. Nach Liebe zu suchen. Nicht für mich, aber zum Beweis dafür, dass sie erkennbar existiert. Zum Beweis, dass der Mensch gut ist oder zumindest gut sein kann. Und wenn es dieses Gute gibt und ich es sehen kann, dann musste es ja auch in mir stecken. Dann muss auch ich diese Liebe in mir tragen. Weil es diese Liebe tief in uns gibt, weil sie in uns existiert. Überall. Und *so* konnte ich überleben.

Ich habe dieses Empfinden nicht damit verbunden, eines Tages von jemandem wirklich geliebt zu werden. Das konnte ich mir damals überhaupt nicht vorstellen, nicht einmal denken. Aber ich stellte fest: Es gibt diese Liebe und ich will dafür sorgen, diese Liebe in mir am Leben zu halten, um sie vielleicht später anderen Menschen geben zu können. Um dann selbst ein lebendiger Beweis für diese Liebe zu sein.

Als ich später geheiratet habe, habe ich nie erwartet, etwas zurückzubekommen – mit Ausnahme von meinem ersten Mann, der ja viel älter als ich und so etwas wie ein Vaterersatz für mich war. Er gab mir mein Zuhause zurück.

Du hast nie erwartet, eines Tages einmal selbst geliebt zu werden?

Nein, ich bin immer davon ausgegangen, dass ich es nicht wert bin, geliebt zu werden. Es schien mir zu offensichtlich, dass dies unmöglich sein würde. Wenn dich deine Eltern nicht lieben oder wenigstens etwas mögen, nicht einmal deine Mutter – wer denn dann?

Hat sich diese Haltung irgendwann im Laufe deines Lebens geändert?

Nicht sehr. Sie ist immer noch vorhanden. Ich habe in meiner Kindheit keine Rechte gehabt, nicht einmal das Recht auf ein Zuhause, also irgendwo dazuzugehören, Teil einer Familie zu sein. Und so fühle ich im Grunde bis heute. Und das ist genau, was andere Leute spüren, was sie irgendwie wahrnehmen, wenn sie in meine Nähe kommen: Sie ahnen, dass ich ungeschützt bin.

Doch die Geschichte deines Bruders hat einen anderen Verlauf genommen.

Er fing an zu schreiben und schrieb 1968 ein Buch mit dem kryptischen Titel: »Reise in eine gefrorene Wirklichkeit«. Dafür bekam er enthusiastische Kritiken. Man verglich ihn sogar mit Kafka. Also konnte er zu seinem Verleger gehen und ihm sagen: »Gib mir einen ordentlichen Vorschuss, und ich schreibe dir ein neues Buch.« Und sie haben ihm einen hohen Betrag ausgezahlt. Doch dann bekam er eine Schreibhemmung und nichts ging mehr. Im Gegensatz zu mir, die mit dem Schreiben weitermachte. Was meinen Bruder mir gegenüber nicht gerade freundlich stimmte.

Als mein Buch über Kinder, also das »KinderBuch« erschien, war es schon mein vierzehntes Buch. Und ich war so stolz und wollte ihm das erste Exemplar zeigen. Er kam gerade durch Stockholm, also machte ich mich mit dem Buch unter dem Arm zum Bahnhof auf. Und dann gab ich ihm das Buch: »Sieh mal, hier ist es!«, und er öffnete es, schloss es wieder und hatte nur einen einzigen Kommentar übrig: »Hoffentlich sind nicht zu viele Schreibfehler drin, die man vor dem Druck hätte korrigieren müssen.« Er konnte es nicht sehr gut ertragen.

Heute lebt er in Australien, wir haben keinen Kontakt mehr miteinander. Vor zehn Jahren habe ich mich von ihm verabschiedet, habe ihm für einige gute, lang zurückliegende Erinnerungen gedankt – ein paar gab es ja, und schließlich gehörten wir einander als Geschwister, aber ich habe ihm auch gesagt, dass ich ihn nicht wiedersehen möchte.

Hast du eigentlich jemals daran gedacht, dich für das, was dir als Kind angetan wurde, zu rächen?

Nein, nicht wirklich. Ich wollte nur als Person anerkannt werden, so wie alle Kinder einfach beachtet und wahrgenommen werden wollen – für das, was sie sind. Und wie sollte ich mich an meinem Vater rächen, wo er doch weiterhin das Unheimliche, das Böse, das Mächtige für mich verkörperte? Eher wollte ich ihm beweisen, ihm zeigen, doch etwas wert zu sein, doch etwas zustande bringen zu können.

Als 1968 mein erstes Buch erschien, hatte ich es ihm sofort geschickt. Und habe natürlich keine Antwort bekommen. Ich war doch so stolz und aufgeregt, Schriftstellerin geworden zu sein! Also habe ich mich Monate später sogar getraut, ihn deswegen noch einmal anzurufen. Ich fragte ihn: »Vater, hast du mein Buch bekommen?«, und er antwortete: »Du hast ein Buch geschrieben?« »Ja, und es ist veröffentlicht worden, ich habe es dir doch geschickt.« 1969 schickte ich ihm mein neues Buch, einen Band mit Kurzgeschichten. »Vater, hast du mein Buch bekommen?« »Du hast ein Buch geschrieben?« »Ja, ich hab es dir doch geschickt. Es ist mein zweites Buch.« Und später habe ich ihm noch mein drittes Buch, einen Roman, der 1970 veröffentlicht wurde, geschickt. Habe ihn wieder angerufen und er hat wieder nichts gesagt. Dazu muss man wissen, dass dieser Roman damals in Schweden meinen Durchbruch als Autorin bedeutete. Es war das letzte Buch, das ich ihm geschickt habe.

Und dann, als in Schweden die »Kampagne« gegen dich lief, hat dich deine Kindheit noch einmal eingeholt.

Wenn schon nicht Liebe, so erwarte ich heute, in meinem Alter, von anderen zumindest Respekt. Und ich habe ihn auch verdient, als Respekt für das, was ich gemacht habe, für meine Fähigkeiten, die ich zweifellos besitze, für das, was ich mit allen meinen Erfahrungen geleistet habe. Aber im letzten Jahr, als die Kampagne gegen mich und meine Arbeit wieder einmal auf Hochtouren lief, da wäre fast alles wieder in sich zusammengebrochen.

Tage (und Nächte) habe ich tatsächlich um mein Leben gebangt, hier in Schweden, wo alles so freundlich und sicher sein soll. Seit ich öffentlich die Unterbringung von Kindern unter drei Jahren in Kindertagesstätten in Frage gestellt habe, habe ich mehr über Eifersucht, Neid und Hass gelernt, als mir guttat. Mehr als dreißig Jahre galt ich als »kontrovers«, was natürlich unvermeidlich ist, wenn du gegen etwas angehst, was politisch als »korrekt« gilt. Doch dann zogen es die Medien vor, mich – auch als Privatperson – anzugreifen, anstatt die Frage zu diskutieren, die mir wirklich am Herzen lag, nämlich die Lebensbedingungen der Kleinsten in unserer Gesellschaft.

Als dann, etwa vor acht Jahren, der Internetmob die Szene betrat, wurde ich zur leichten Zielscheibe. Wie heutzutage jeder, der sich öffentlich äußert. Doch diese neue Kampagne gegen mich war ganz speziell. Dem Netzmob gelang es mit seinen Attacken, für die Jagd auf mich die Kinderärzte und Kinderschwestern zu ködern. Bestens ausgebildete Vertreter ihres Faches hörten auf den Internetmob, versuchten ernsthaft, das Elternberatungsforum auf meiner Homepage zu löschen, schickten, was ich geschrieben habe, der Polizei und beschuldigten mich sowohl in norwegischen wie auch in schwedischen Zeitungen ernsthaft, eine Kindsmörderin zu sein – kaum zu glauben, aber wahr! So stellte etwa die führende Medizinzeitschrift in Schweden in ihrer maßgeblichen Kolumne die gruselige Frage: »Was wird Anna Wahlgren all jenen Eltern sagen, die mit ihren toten Babys im Arm zu ihr kommen?«

Mitgeholfen hat dabei ein künstlich erzeugtes Video, das der Internetmob auf die Plattform »YouTube« gestellt hat. Aus einem von mir selbst veröffentlichten drei Minuten langen Video, in dem ich aufzeigte, wie man ein schreiendes Baby beruhigen kann, sodass es wieder einschlafen kann, wurde eine etwa anderthalb Minuten während Sequenz herausgeschnitten, sodass der Eindruck entsteht, ich hätte, statt das Kind zu beruhigen, es zum Weinen gebracht. Und genau das sind die Methoden, wie man heute mithilfe des Internets gegen jemanden in zerstörerischer Absicht vorgehen kann. Für Monate wurde ich dann in allen Medien von einigen »Experten« als jemand herumgereicht, die Kinder missbraucht. (Ich habe darauf ein neues Video erstellt, auf dem ich genau dieselbe Beruhigungstechnik mit einen Kind demonstriere, das *nicht* schreit, man kann es sich auf meiner Homepage ansehen.)

Da passierte also etwas, das dir aus deiner Kindheit geläufig war.

Ja, das ging wieder in dieselbe Richtung:»Ich bin schlecht, böse, nichts wert, eine Ausgestoßene. Ich bin es nicht wert, auf dieser Welt zu leben.« Aber ich kann mich heute, im Gegensatz zu früher, verteidigen. Den Leuten ins Gesicht sagen, dass sie Unsinn über mich verbreiten und ich um die Gründe weiß, warum sie es tun. Ich kann ihnen vernünftig antworten, dass ich im Recht bin mit dem, was ich tue und sage, und dass mich das Resultat meiner Arbeit bestätigt: Meine Bücher, meine eigenen Kinder, unzählige andere Kinder sind der lebende Beweis dafür. Die Liebe, aus der heraus ich ihnen das gebe, ist stärker als ich selbst. Diese Stärke trage ich in mir und ich glaube, dass ich sie auch schon in meiner Kindheit besaß. Sonst hätte ich sie nicht überstanden. Und es ist mir wichtig, dass ich die stärkste Unterstützung, den größten Respekt und auch die tiefste Zuneigung von ganz gewöhnlichen Leuten erfahre – weil ich die Eltern in einer Weise respektiere, wie es nur ganz wenige von denen tun, die sich professionell mit dem Wohl unserer Kinder beschäftigen. Mein»Fanclub« sieht in mir eine liebende und sehr erfahrene Mutter, die imstande ist, viel Liebe zu geben, eine Mutter, die persönlicher Verantwortung nie aus dem Weg gegangen ist, eine Mutter, die den Mut besaß – und immer noch besitzt –»Experten« die Stirn zu bieten, die für Geld und ihr persönliches Prestige ihre Seele verkauft haben, statt sich für das Wohl der Allerkleinsten einzusetzen. Ich sehe die Bedürfnisse von Kindern und kämpfe für ihre Rechte, dafür, ihnen im täglichen Leben *tatsächlich* mit Liebe und Verständnis zu begegnen.

Hier zum Beispiel der Brief einer mir völlig unbekannten Mutter, Veronika, den ich gerade heute bekommen habe:»Mein zweites Kind ist jetzt viereinhalb Monate und schläft die ganze

Nacht durch – zwölf Stunden am Stück. Sie ist eine richtige Forscherin und nicht so einfach zu besänftigen wie die erste Tochter. Aber was macht das schon, jetzt, wo ich mir das »KinderBuch« gekauft habe. Welch ein Glück, den Tag mit Lachen und Freude zu beenden, wenn sie wie von selbst einschläft, ruhig und sicher. Ich denke sehr oft an dich, Anna, an das, was du machst, wie du mit Kindern umgehst. Wenn ich Deinem Rat folge, fühle ich mich eins mit den Gesetzen der Natur. Diejenigen, die Deine Ratschläge und Deine Methoden nicht verstehen können, hören nicht mehr auf das, was ihnen ihr gesunder Menschenverstand eigentlich sagt. Ich habe ALLES, was du in deinem Buch geschrieben hast, verstanden und mir zu Herzen genommen. Ich würde dich so gerne einmal wirklich treffen, für mich bist du wie ein Vorbild oder ein Idol. Es bewegt mich tief, an Dich zu denken und die Kleinen, denen du hilfst. DANKE, dass du für alle diese Kinder da bist, Anna. Ich umarme dich.«

Das ist Liebe, der Beweis dafür, geliebt zu werden. Ich brauche sie nicht länger auszuspionieren. Ich lasse sie ganz dicht an mich herankommen, buchstäblich vor meine Augen, sie gilt jetzt *mir*. Du siehst, ich weine nicht nur, weil ich traurig und verletzt bin, ich kann auch vor lauter Glück weinen, heute, morgen und zu guter Letzt.

Aber für mich ist das vernachlässigte Kind Anna, das ich in mir trage, immer noch ein Außenseiter. »Sie« ist immer noch so ängstlich wie früher und insofern ein leichtes Ziel für Verleumdung und Diffamierung. Auf dieselbe Weise haben die Schläge meines Vaters wie auch meines Bruders und der krankhafte Wille meiner Mutter ihre Spuren in meinem Leben hinterlassen. Bis heute löst ein freundliches Schulterklopfen – wenn ich nicht sehe, von wem es kommt – eine sofortige und instinktive Furchtreaktion bei mir aus: Jemand will mich zu Boden werfen. Noch als mein Vater mausetot in seinem Sarg lag, habe ich vor ihm gezittert und da war ich Mitte vierzig! Und er konnte mir ja wirklich nichts mehr antun.

Was hast du gefühlt, als deine Mutter starb?

Nichts, wenn ich ehrlich bin, nichts. Beim Tod meines Vaters hatte ich immer noch Angst vor ihm, aber bei ihr, da war nichts.

Die folgende Botschaft ist nicht die, die meine Eltern ihren Kindern mit auf ihren Weg gaben. Es ist die Botschaft, die *ich meinen* Kindern mit auf ihren Weg gegeben habe:

Frei zu denken, zu handeln und zu leben, in Übereinstimmung mit deiner eigenen, inneren Überzeugung – das ist das höchste Ziel; das ist Freiheit.

Die eigene Seele zu verkaufen ist der Tod.

Und, mit den Worten Jesu: Die größte aller Sünden ist es, einen Menschen an Körper und Seele zu peinigen.

Wie ich an euch geglaubt habe und immer noch glaube, möchte ich, dass ihr an euch selbst glaubt, und mit diesem Glauben werdet ihr Berge versetzen. Unerschrocken, ohne Illusionen, sondern erfüllt von Liebe sollt ihr den Berg, den man Unüberwindbarkeit nennt, besiegen.

Hört auf das Erbarmen in euren Herzen und bewahrt euch eure Lebenslust, die in euch steckt.

Bewahrt euch eure Freude, euer Lachen. Denn darin liegt die Liebe zum Leben und zum Mitmenschen.

Sucht euch Freude mit größter Beharrlichkeit, wenn sie am verborgensten erscheint. Sie ist da, ganz nahe bei euch, in euch.

Die Prüfungen des Lebens sind nicht verkehrt. Und unter schweren Bürden werdet ihr durchhalten und euren eigenen Weg finden.

In schlechten Zeiten werdet ihr mit dem Leben kämpfen. Wenn ihr daran wachst, habt ihr einen Sieg errungen.

Lasst euch nie unterdrücken oder abstempeln, lasst euch nie zum Schweigen bringen. Verkauft eure Seelen nicht.

Liebt den Menschen.

Säet und erntet.

Greift zu. Lebt!

Ihr habt ein Recht auf einen Platz auf dieser Erde.

Kämpft dafür mit Liebe!

TEIL 2

Selbst Frau und Mutter

3
Die Väter. Meine Kinder

Für eines immerhin sollte ich meiner Mutter danken: Darin, dass andere ihre Kinder für sie aufziehen, war sie ziemlich gut. Dank ihres entsetzlichen Wunsches, mich unbedingt loszuwerden, begegnete ich jenem Mann, der mir ein Zuhause, einen Platz auf der Welt, an den ich hingehörte, gab: meinem ersten Mann Lars. Er war Offizier gewesen und nach dem Krieg Lehrer.

Erinnerst du dich, wie meine Mutter mich so schnell wie möglich wieder loswerden wollte und aufs Internat schickte? Wie ich, nur einen Tag, nachdem ich von meinem Vater, der mich auf dem Dachboden eingesperrt und grün und blau geschlagen hatte, zurückkam? Meine Mutter kannte Lars und seine älteren Schwestern aus ihrer frühen Kindheit, als sie Nachbarn und Spielkameraden waren, und in dieser dringlichen Situation fiel er ihr ein. Anna muss weg, und zwar sofort! So fragte Lars den Direktor des Internats, ob er mich mitten im Schuljahr dennoch aufnehmen würde.

Das zweite Internat, auf das ich kam, war nicht besonders vornehm, die Kinder waren keine Töchter und Söhne von Diplomaten und Reichen. Im Gegenteil, viele kamen von der Sozialfürsorge.

Lars unterrichtete unter anderem Schwedisch und Literatur und ich bekam ihn als Klassenlehrer. Mit aufrechter Haltung – als hätte ich ein Messer im Rücken –, betrat ich zum ersten

Mal das Klassenzimmer, um meine Nervosität und Angst zu überspielen. Lars hat mir später erzählt, dass es diese geradezu militärische Haltung gewesen sei, die ihn sofort für mich eingenommen habe. Er war ein gerechter und verantwortungsvoller Lehrer und es wäre ihm nie in den Sinn gekommen, einen Schüler anderen gegenüber vorzuziehen, aber da ich dank seiner Fürsprache an die Schule gekommen war, hatte er ein besonderes Auge auf mich.

Wenn ich einmal krank war, kam er sogar zum Schlafsaal, um nach mir zu sehen. Dann brachte er mir Weintrauben mit. Niemand hatte so etwas, als ich krank war, jemals zuvor getan. Und wenn ich von der Schule abhaute, was ich ziemlich oft tat, suchte er nach mir und brachte mich wieder zurück, wenn er mich gefunden hatte. Monate später, als die Auseinandersetzung zwischen mir und der Aufseherin für den Schlafsaal eskalierte und sie drohte, das Internat zu verlassen, war er es, der mich rettete. Als Witwer bot er mir in seinem Haus auf dem Schulgelände ein freies Zimmer an. »Du kannst mein Schlafzimmer haben«, sagte er, »ich werde in das von Karin ziehen.« Karin hieß seine kürzlich verstorbene Frau. »Außerdem«, so fuhr er fort, »habe ich noch eine alte Schreibmaschine, die du mit auf dein Zimmer nehmen kannst.« In nur wenigen Minuten schenkte er mir damit mehr Beachtung und Zuwendung, als ich je in meinem Leben erfahren hatte.

Ich war damals ein Teenager, mit einem Gesicht und Rücken voller hässlicher Akne, die er im Übrigen mit Brandy behandelte. Er kümmerte sich viel um mich, denn ich war häufig krank, und brachte mich ins Krankenhaus, wo man mich nach vielen Untersuchungen erfolgreich behandeln konnte. Plötzlich hatte ich also ein freundliches, warmherziges Zuhause gefunden, in dem respektvoll und freundlich mit mir umgegangen wurde. Ich konnte es kaum glauben. Lars ermutigte mich, zu schreiben, zu singen, meine Begabungen zu entwickeln. Wir redeten viel miteinander und diskutierten über alles. Ich betone: Es war keinerlei Sexualität oder Erotik im Spiel. Und er spielte Musik für mich; von ihm lernte ich die klassische Musik schätzen. Er selbst konnte sehr gut und empfindsam Klavier spielen.

Ich besuchte die Schule noch ein weiteres Schuljahr, also bis zu meinem Abschluss, und musste sie danach natürlich verlassen.

Wieder kam ich zu meiner Mutter »nach Hause« und das Spiel begann von vorne: Nach drei Tagen hatte sie mich satt! Verzweifelt rief ich Lars an: »Ich möchte zurück«, weinte ich, »zurück nach Hause.« »Das kannst du nicht«, antwortete er, »die Schule ist für dich zu Ende. Du kannst hier nicht mehr bleiben.« »Ich kann aber hier nicht bleiben. Wie kann ich zu dir zurückkommen?«, weinte ich. »Nun gut«, sagte Lars, »dafür gibt es nur eine Möglichkeit, nämlich die, dass wir heiraten.« »Dann heiraten wir«, rief ich in den Hörer. Und das taten wir.

Im Mai hatte ich die Schule verlassen, im Juni heirateten wir. Ich war 18 Jahre alt, er 53. Er hatte zwei Kinder, beide älter als ich, die alles andere als glücklich darüber waren, dass ich von nun an zur Familie gehörte. Und der Tod ihrer Mutter lag noch nicht lange zurück. Lars hielt es tapfer aus. Denn es waren ja nicht nur seine eigenen Kinder, die ihn schief ansahen, das ganze Internat, in dem er weiterhin arbeitete, zerriss sich das Maul. Bis zu unserer Hochzeitsnacht hat er mich kein einziges Mal berührt. Genau 9 Monate und eine Woche später wurde dann unser erstes Kind geboren. Welche Enttäuschung für alle diejenigen, die Tage und Wochen gezählt hatten, um für den Sündenfall, der zu unserer Hochzeit geführt haben musste, einen Beleg zu finden! Wir machten unsere Hochzeitsreise nach Deutschland, nach Lübeck, um dort die wiederaufgebaute Marienkirche zu besuchen. Und während dieser Reise gestand Lars, dass er sich sofort in mich verliebt hatte: »Aber ich hatte nicht das Recht, es dir zu sagen. Du warst noch so jung und dankbar. Es hätte dich in eine unmögliche Situation gebracht. Eigentlich hatte ich beschlossen, dieses Geheimnis mit in mein Grab zu nehmen.«

Um es kurz zu machen: Ich tat mein Bestes, ihm eine gute Hausfrau zu sein. Nebenher studierte ich Literatur, Latein, Theater und Ballett in Stockholm. Zu Hause gab es, freundlich ausgedrückt, eine Menge Probleme. Jetzt war ich keine Schülerin mehr, die sich über einen engagierten Lehrer und Mentor freute. Ich war eine Frau, die den Haushalt führen sollte, und hatte zusätzlich für die Kinder und für einen Mann zu sorgen. Ich versuchte, das Beste aus meiner nicht vorhandenen Erfahrung herauszuholen. Ich war noch jung, und Lars, der es gewohnt war, eine Hausfrau bei sich zu haben, wollte plötzlich, dass ich ihm all diesen Komfort auch bescherte. Vorher hatte er für mich gesorgt, nun sollte es an mir sein, für ihn zu sorgen. Ich tat alles, um die Rolle perfekt auszufüllen, aber das Ergebnis stand in keinem Verhältnis zu allen meinen Ambitionen. Ich warf ihm vor, nicht mehr mit mir zu sprechen, worauf er regelmäßig das Zimmer verließ und sagte: »Zum Reden besteht keine Notwendigkeit, für eine Frau sowieso nicht.« Es ging mir dreckig. Die Rollen von Mann und Frau passten einfach nicht zu uns. Wieder fühlte ich mich als verlassenes Kind.

Es war nur eine Frage der Zeit, dass ich mich in einen jüngeren Mann verlieben würde. Ziemlich gut in Latein, unterrichtete ich deswegen Nachhilfeschüler. Und einer von denen verliebte sich in mich und ich mich in ihn. Wir taten, was verboten war, und ich habe meinem Mann nie davon erzählt. Wir, d. h. mein Mann und ich, hatten praktisch kein Sexualleben – eigentlich ein Wunder, dass wir trotzdem zwei Kinder gezeugt haben! Und wieder dachte ich, dass es so kommen musste, weil ich eben durch und durch schlecht sei. Aber ihm etwas von der Beziehung zu dem Jüngeren zu sagen habe ich nicht übers Herz gebracht. Ich habe ihm nur gesagt, dass ich ihn verlassen würde.

Ich habe diese Flucht als Bestrafung für das, was ich getan hatte, gesehen. Schließlich empfand ich mich nicht wert, geliebt zu werden. Alles hatte sich einmal wieder bestätigt. Ich war der lebende Beweis, dass alles scheitern muss, was ich anrührte.

Lars war außer sich, als ich ihn verließ, und nicht nur ihn, sondern mein Zuhause und sogar unsere Kinder. Ich ließ alles zurück, packte nicht einmal einen Koffer. Ich schnitt mir meine langen Haare kurz und irrte auf den Straßen herum, erneut heimatlos und einsam, wie man sich nur einsam fühlen kann – und wieder war alles nur meine eigene Schuld! Es wurde für mich die bis dahin härteste Zeit in meinem Leben.

Wir waren vier Jahre verheiratet. Und sind nach der Scheidung die besten Freunde geblieben. Vor unserer Ehe und danach! So lange, bis er gestorben ist. Ich bekam meine Kinder zurück, heiratete wieder und bekam andere Kinder – Lars hat immer für mich und sie alle gesorgt. Er traf mich, wann immer etwas in meinem Leben passiert ist, was mich umgehauen hat. Und das passierte.

Im Alter krank geworden, bekam er Alzheimer, vergaß sogar seine eigenen Kinder, aber an mich konnte er sich bis ganz ans Ende erinnern und hat mich erkannt. Es war eine tiefe und sehr warme Beziehung, die uns bis zu seinem Tod zusammenhielt. Eine Freundschaft, wie man sie sich besser nicht vorstellen kann. In meinen Augen bleibt er ein großer Mensch. Als Ehemann war er grauslich. Und dennoch haben wir eine lange Strecke unserer beidseitigen Leben gemeinsam zurückgelegt, vor der Heirat und danach. Er blieb mir und meinen Kindern – allen, nicht nur seinen zwei Töchtern – immer sehr nahe, näher als seinen ersten beiden Kindern, die er aus seiner 25-jährigen Ehe mit seiner Frau Karin hatte. Die letzten sechs Jahre seines Lebens habe ich mich um ihn gekümmert. Er starb mit 89.

Lars war für alle meine anderen Kinder wie ein Großvater

und unseren beiden Töchtern ein sehr guter Vater, er blieb mein Beschützer und gab mir die beste Unterstützung, die man sich denken kann. Solange er lebte, habe ich ihm nie davon erzählt, dass ich ihn damals mit einem anderen betrogen habe, habe niemals versucht, ihm diese mir selbst auferlegte Bestrafung zu erklären, dass ich den sicheren Hafen verlassen habe, den unsere Ehe mir bot. Ich habe versucht, mir seinen Respekt zu verdienen. Klar, ich hatte Angst, er würde mich für das verdammen, was ich ihm angetan hatte, und dafür, dass ich – nicht zuletzt in meinen Augen – eine solch schlechte, verachtungswürdige Person war. Heute bedauere ich diese Dummheit. Lars hätte mich verstanden. Bis heute vermisse ich ihn schrecklich.

Meine Karriere als Mutter hatte also einen denkbar schlechten Anfang genommen. Ich ließ die beiden kleinen Mädchen zurück, weil ich mir einredete, sie nicht zu verdienen, ich bestrafte mich damit selbst – und ließ alles hinter mir stehen und liegen.

Lars stellte eine ältere Haushälterin ein, die sich um unsere Mädchen kümmerte. Er erzählte mir, dass er jede Nacht, wenn er die Kinder ins Bett brachte, um mich beten würde, was mich nur noch unglücklicher werden ließ. Tatsächlich glaubte ich zu dieser Zeit, meinen Kindern einen Gefallen zu tun, indem ich sie verließ. Jeder konnte mich ersetzen, jeder wäre für sie besser als ich. Diese Tendenz zur Selbstbestrafung nahm immer absurdere Züge an. Jeder normale Mensch weiß schließlich, dass es nicht egal ist, ob eine Mutter ihre Kinder verlässt, aber ich dachte so. Ich glaubte allen Ernstes, ihnen damit einen Gefallen zu tun. Darüber zu sprechen tut mir bis heute weh. Ich verließ sie, ohne mir den Gedanken daran zu erlauben, wie sehr ich sie liebte – nicht einmal das Recht, zu lieben, räumte ich mir ein. Ich glaube, du kannst dir kaum vorstellen, wie kaputt ich damals war. Ich war 22 Jahre und dachte: Das war's, dein Leben.

Gerettet haben mich meine Kinder. Ja, es war so, dass mir plötzlich bewusst wurde, sie mehr zu vermissen, als ich es aushalten konnte. Das war die Rettung. Bis dahin wollte ich ihnen die beste Freundin auf der Welt sein – sie haben mich niemals Mama oder Mutter genannt, da ich selbst nie von mir als Mutter gedacht und gesprochen habe. Aber jetzt, nachdem ich sie verlassen hatte (natürlich kam ich regelmäßig, sie zu sehen), nahm ein neues, verbotenes Gefühl mütterlicher Liebe von mir Besitz und führte zu einem Leiden, das ich bislang so noch nicht gekannt hatte. Ich bin durch die nächtlichen Straßen geirrt und habe nach ihnen gerufen. Eine verlorene Seele. Ich steckte in einer absoluten Krise. Aber letztendlich überlebte ich. Und kam zu der Entscheidung meines Lebens: Welches Desaster ich auch immer anrichte und egal, wie schlecht ich bin, ich werde mit meinen Kindern zusammenleben!

Ich fing an, mir mein Sorgerecht zurückzuerobern. Die Ausgangsbedingungen waren eindeutig: Ich musste wieder heiraten, brauchte ein festes Einkommen und musste für ein Zuhause sorgen. Um mich auch hier wieder kurz zu fassen: Ich bekam es hin.

Mit 24 Jahren heiratete ich wieder – einen reichlich abwesenden Seefahrer meines Alters. Innerhalb von weniger als zwei Jahren bekamen wir drei Kinder, für die ich dann mehr oder weniger allein die Verantwortung trug: Anna Felicia, Maja Laetitia und als letztes meinen bis dahin einzigen Sohn Ebbe Linus. Wie gesagt, mein Mann kam und ging, aber das Wichtigste war: Ich und meine fünf Kinder waren zusammen! Und nachdem wir uns endgültig trennten – Ebbe Linus war noch ein Baby –, verschwand er für zehn Jahre ganz von der Bildfläche.

Meine schriftstellerische Arbeit trug erste Früchte: Bonnier, Schwedens größtes Verlagshaus, veröffentlichte in dieser Zeit eine Sammlung von Kurzgeschichten und kurz darauf noch ein zweites Buch. Ich lebte meinen Traum aus, ich schrieb und hatte meine Kinder bei mir.

Seltsam bleibt, dass alle Männer meines Lebens, mein Vater, mein Bruder und meine Ehemänner mit Ausnahme von Lars diese Stärke, die ich trotz allem in mir trug und die nicht kleinzukriegen war, nicht ertragen konnten. Dass ich unter schwierigen Bedingungen anfing zu schreiben, mit meinen Kindern um mich herum, dass ich von zu Hause aus arbeitete, ohne sie einen Tag zu verlassen, dass ich damit mein Geld verdiente, um ohne die Hilfe anderer meine Kinder ernähren und für den Familienunterhalt sorgen zu können.

Zwei Jahre später, nachdem mein letztes Kind, Ebbe Linus, geboren wurde, bekam ich diesen kleinen Jungen, der gestorben ist. Es war mein Wunsch gewesen, zusammen mit einem Freund diesen Jungen zu bekommen. Ich gab ihm den Namen Aron und er war eine einzige Freude. Die Kinder bewunderten ihren kleinen Bruder, meinen zweiten Sohn und mein sechstes Kind. Aber sein Leben war nur kurz. Mit drei Jahren und zehn Monaten starb er.

Du hast darüber im »KinderBuch« geschrieben, es geschah, glaube ich, während einer Reise nach Ägypten.

Genau, er erkrankte dort an Diphterie. Er war, wie alle meine Kinder, geimpft worden, aber es half nichts. Später, als es viel zu spät war, sagte mir ein Arzt, dass diese Impfungen, die alle Kinder in Schweden bekamen, nur ein Jahr lang schützten. Ich wusste damals nicht, was und wem ich glauben sollte. Wenn sie überhaupt etwas nützen – möchte ich hinzufügen, aber dazu später mehr. Ich trage noch immer sein Bild mit mir herum. Du kannst ihn hier sehen. Er ist gerade drei Jahre alt und im Hintergrund kann man meinen ersten Ehemann erkennen,

Lars, der sich immer rührend um meine Kinder gekümmert hat und Aron seinen »kleinen Prinzen« nannte.

Für seinen Bruder Linus muss der Tod seines kleinen Bruders schlimm gewesen sein.

Ja, es war schrecklich. Noch mit 15 Jahren hat er am Grab seines kleinen Bruders sich die Augen aus dem Gesicht geweint. Er war ja nicht nur ein um zwei Jahre jüngeres Geschwister von ihm, sondern sein einziger Bruder.

Und der Vater deiner letzten drei Kinder?

Er war ein alter Freund aus einer Zeit, als ich für verschiedene Zeitungen und Zeitschriften arbeitete. Für ein Wochenmagazin war ich sozusagen deren »Gesicht«, da ich dort vier Jahre lang eine Kolumne veröffentlichte. Ich hatte mein Manuskript immer an die dortige Redaktion geschickt und danach wurden die Texte veröffentlicht. Das heißt, ich habe von zu Hause aus gearbeitet, sodass ich bei der Zeitschrift niemanden kannte.

Irgendwann, ein Jahr später, nachdem ich für das Magazin begonnen hatte, meine Texte zu schreiben, ging ich eines Nachts aus, um zu tanzen und mich zu amüsieren. Einfach, um auch einmal mit ein paar Erwachsenen sprechen zu können. Das war in Malmö, wo ich damals wohnte. Und da hat mich ein Mann aufgefordert, mit ihm zu tanzen, und nachdem wir eine Weile getanzt hatten, sagte er: »Im Übrigen vielen Dank für deine vielen Briefe.« »Welche Briefe?« Na ja, das war er also, der meine Kolumnen Woche für Woche bekommen hatte. Wir haben uns prächtig amüsiert. Er wurde ein guter Freund der Familie und ich war dankbar dafür. Ich hatte keine Freunde, keine Arbeitskollegen, keine Verwandten, niemanden, der für mich da sein würde, außer meinem ersten Ehemann Lars, dem Vater von Sara Maria und Nina Ulrika, der uns immer wieder –

zweimal im Jahr – besuchen kam. So war Bosse, wie er hieß, oder mein »Brieffreund«, wie wir scherzten, ein angenehmer Freund. Dann kam dieses traumatische Abenteuer in Ägypten dazwischen.

Wie gesagt, ich lebte damals in Malmö und viele ägyptische Studenten kamen im Sommer nach Dänemark, um dort zu arbeiten und Geld zu verdienen. Es waren wirklich viele, so um die achttausend Leute. Die in Dänemark wurden ganz hysterisch: »Um Himmels willen, die können hier ja gar nicht alle eine Arbeit finden«, und so kehrte etwa die Hälfte von denen nach Hause zurück und die andere Hälfte kam nach Schweden. Besser gesagt nach Malmö, das ja genau gegenüber von Kopenhagen liegt. Und ein ägyptischer Professor für Arabistik ließ in der Zeitung einen Aufruf drucken, diesen Studenten zu helfen. Das Wetter war schrecklich, sie schliefen draußen, auf Spielplätzen usw. und brauchten schließlich ein Dach über dem Kopf. Und wenn es nur für eine Nacht wäre. In den Zeitungen fanden sich schreckliche Bilder und ich empfand Mitleid mit ihnen. Was konnte ich tun, um ihnen zu helfen? Und dann habe ich dort angerufen und gesagt, dass ich jemanden beherbergen könnte. »Wie viele können Sie aufnehmen?«, hat mich der Professor gefragt. »Na ja, wenn sie bereit wären, auf dem Teppichboden zu schlafen, könnte ich zehn von ihnen aufnehmen.« »Es geht ja nur um eine Nacht«, hat er mir noch versichert.

Also kamen die zehn, ich gab ihnen zu essen, hab erst einmal ihr Zeug gewaschen und sie blieben – fünf Monate! Es war das Jahr 1972, als es zum Krieg zwischen Ägypten und Israel kam, und da konnten sie nicht nach Hause. Alle hatten Tickets für den Rückflug, aber sie suchten verzweifelt nach einer Arbeit, da sie sich Geld geliehen hatten, um die Flugtickets zu kaufen und die Visa zu erhalten. Am Ende blieben neun von ihnen übrig. Neun erwachsene Männer und sechs Kinder. Verstehst du, ich habe wie eine Blöde gearbeitet, um Geld zu verdienen, habe Tag und Nacht geschrieben und sie haben die

Organisation des gesamten Haushalts übernommen. Sie haben gekocht, geputzt, mit den Kindern gespielt, sind mit den Kindern rausgegangen, doch es half alles nichts, denn letztendlich haben sie in Schweden keine Arbeit gefunden, obwohl ich alles dafür unternommen habe. Ich war fix und fertig in dieser Zeit, aber zwischen uns allen entwickelte sich eine wunderbare Freundschaft, »meine Studenten« hatten sich vorher ja selbst gar nicht gekannt. Der Herbst kam und nach fünf Monaten gaben sie auf und kehrten nach Hause zurück. Der Letzte, der gehen sollte, war Hamid. Und in ihn musste ich mich natürlich verlieben! Oder er sich in mich. Wir verbrachten eine Nacht zusammen und er wollte mich heiraten. Ausgerechnet mich, bereits zweimal geschieden und Mutter von sechs Kindern! Ganz schön tapfer für einen jungen arabischen Mann! Also eigentlich völlig unmöglich.

Er ging zurück nach Ägypten zu seiner Familie und überbrachte denen die Neuigkeit, mich heiraten zu wollen. Die Reaktion kann ich mir gut vorstellen. Aber ich bin tatsächlich nachgekommen, zusammen mit den Kindern, und am Flugplatz haben wir uns dann alle wieder getroffen, alle waren gekommen, mich abzuholen. Ich hatte Nähmaschinen und allerlei Werkzeug dabei, um das Leben ihrer armen Familien etwas erträglicher zu machen.

Ich hatte nur das Beste im Sinn, habe ohne jegliches persönliches Interesse mein Zuhause einer Gruppe mir unbekannter Leute geöffnet, weil sie litten, weil sie kein Zuhause hatten, kein Geld, weil sie hungrig waren. Ich habe sie nicht sofort nach der ersten Nacht gebeten, wieder zu gehen, als sie ihre erste warme Mahlzeit bekommen hatten, sich wieder einmal waschen und ihre nassen Sachen trocknen konnten. Für mein eigenes Land habe ich mich geschämt. Schweden hatte ihnen alles verweigert. Jeden Sommer hatten Tausende von Studenten dort gearbeitet und ich konnte mir nicht vorstellen, warum das plötzlich nicht mehr möglich sein sollte. Ich versuchte zu helfen, wo es ging oder auch nicht. Journalisten bekamen das mit, standen mit einem Mal vor meiner Tür und fragten:»Warum tust du das?« Ich antwortete:»Warum nicht?« Wahrscheinlich dachten sie, dass ich irgendwelche Sexorgien mit denen hätte, aber Sex war nun das Letzte, was ich im Kopf hatte, in diesem alltäglichen Kampf, mit allem klarzukommen. Für mich war es ein Akt der Menschlichkeit für den ich am Schluss durch den Tod meines Kindes unvorstellbar hart bestraft wurde. Ich habe noch lange danach darüber mit Gott gerungen.

Unser Aufenthalt in Ägypten dauerte nur ein halbes Jahr und die Ehe wurde nie registriert. Ich kam nach Schweden mit einem kleinen, weißen Sarg zurück und alles Leben war aus mir gewichen. Wegen meiner Kinder, die mir geblieben waren, musste das Leben weitergehen, aber ich versichere dir: Es stimmt, dass man vor lauter Kummer sterben kann. Die inneren Organe hören auf, zu funktionieren. Du weißt nicht mehr, wohin. Hamid war ebenso entsetzt und verstört, als Aron starb. Seine Mutter machte ihm Vorwürfe:»Denk daran, dass du ein Mann bist. Ein Mann weint nicht.« Er weinte. Und ein Jahr lang schrieb er mir, mich und meine Kinder zu vermissen, am meisten natürlich den kleinen Aron, das jüngste Kind, das vor unseren Augen gestorben war.

Als ich zurück nach Schweden kam, hatte Lars, mein erster Mann, der inzwischen pensioniert war, eine Wohnung in seiner Nähe für mich gefunden, etwas außerhalb von Stockholm. Aber ich musste noch einmal nach Malmö zu einem Gespräch mit den Leuten von dem Magazin, für das ich gearbeitet hatte, um ihnen mitzuteilen, was passiert war und dass ich nicht länger für sie schreiben könnte. Ein Kind zu verlieren bedeutet, alles zu verlieren.

Ich bat meinen Vater, mittlerweile ein sehr reicher Mann, mir Geld zu leihen. Ich war nicht in der Lage, zu arbeiten, konnte meine Steuern nicht zahlen und hatte die vielen Kinder, für die ich sorgen musste. Und er kannte nicht einmal die Namen meiner Kinder, also seiner Enkel. Würde er mir helfen? Er weigerte sich. Auch weigerte er sich, zur Beerdigung von Aron zu kommen: »Es ist alles deine eigene Schuld.«

Zurück in Malmö traf ich meinen zukünftigen Ehemann Bosse, der mir später gestand, dass sein Entschluss, Pfarrer zu werden, mit dem Tod von Aron zusammenhing. Er stand mir in meiner Trauer und Verzweiflung die vielen dunklen Monate bei, die auf den Tod von Aron folgten. Er besuchte mich in Stockholm und richtete es ein, dass ich ihn Tag und Nacht erreichen konnte. Oft habe ich ihn angerufen und war dann nicht in der Lage, irgendein Wort herauszubringen. Er aber hörte meinen Tränen und meinem verzweifelten Schweigen zu, aber auch meinen unzähligen Worten und Sätzen, wenn ich mit ihm über diese unfassbare Tatsache sprach, dass Aron gestorben war. Ich kann nicht sagen, dass ich mich in ihn verliebte, denn außer dieser unendlichen Trauer verspürte ich kein anderes Gefühl in mir. Alle Freude war aus meinem Leben gewichen. Ich zwang mich lediglich, zu funktionieren, weil meine Kinder mich brauchten.

Eines Nachts konnte ich Bosse das erste Mal nicht erreichen, er ging nicht ans Telefon und seine Freunde wussten auch nicht, wo er steckte. Ich war besorgt, was mit ihm war. Seit Arons Tod erfüllte mich das erste Mal so etwas wie eine Lebenshoffnung, denn ich konnte mir Sorgen um jemand anderen machen, an etwas anderes denken und mich um jemand anderen kümmern. Ich glaube, es war Liebe. Am nächsten Tag gestand ich sie ihm. Er glaubte nicht, dass ich es ernst meinte, aber es war mir ernst, und wir heirateten. Ein Jahr und neun Monate nach dem Tod von Aron wurde unsere kleine Aurora geboren, ihr Name war Symbol für die Morgendämmerung eines neuen Tages.

Bosse beendete seine Karriere als Journalist und studierte Theologie. Also hatte ich wieder einen Ehemann, den ich unterstützen musste. Da er aber in der Medienwelt nahezu jeden kannte, war es leicht für ihn, mir Arbeit zu beschaffen. Er studierte vier Jahre lang und wir bezogen eine kleine Studentenwohnung in einer Universitätsstadt. Bis heute wundere ich mich, wie ich den Riesenhaushalt in den Griff bekommen habe – wir waren eine neunköpfige Familie und lebten in drei kleinen Zimmern, von denen Bosse eines bekam, um ungestört studieren zu können.

Ich arbeitete wie eine Besessene, erzog meine Kinder entlang meinen eigenen hohen Ansprüchen, erlebte drei Schwangerschaften und kam ins Fernsehen, als ich die Tagespflege und Unterbringung von Kindern unter drei Jahren in staatlichen Institutionen infrage stellte, was zu entsprechenden Reaktionen im ganzen Land führte. Über Nacht war ich zu einer öffentlichen Person geworden, die in Schweden jeder kannte – und entweder liebte oder hasste!

Zusammen bekamen wir unsere drei kleinen Mädchen. Natürlich hatte ich gehofft, dass ein Junge darunter sein würde, es wäre für Linus doch ein kleiner Bruder gewesen und für mich, die ich verzweifelt auf Arons Rückkehr hoffte, ein weiterer Junge. Aber es war ein Mädchen und wir nannten sie Aurora, denn der Name erinnerte uns an Aron.

Beim nächsten Kind war ich mir dann ganz sicher, dass es ein Junge werden würde. Es wurde ein Mädchen und wir nannten sie Eleonora. Und beim dritten war ich mir noch sicherer: Das musste ein Junge werden! Außerdem hatte ich beschlossen, dass es wirklich mein letztes Kind sein sollte, ich hatte meinen Körper mehr als überstrapaziert. Sie kam auf die Welt, noch ein Mädchen, und ich sagte zu meinem Mann, das kann doch nicht wahr sein, noch eins mehr. Aber sie ist natürlich wunderbar und ganz eigen, so wie alle anderen Kinder auch. Mein Herz schmolz für sie dahin – so wie bis heute ... Und jetzt bin ich bereits Großmutter von fünfzehn Enkeln.

Bosse war schwer alkoholabhängig. Das wussten alle seine Freunde von der Zeitschrift – außer mir. Er war ein guter Mann und jetzt ein angehender Pastor. Ich kaufte ihm seinen Schnaps, entsorgte die leeren Flaschen und versuchte mich diplomatisch zu weigern, ihm beim Trinken Gesellschaft zu leisten, ohne dabei seine Gefühle zu verletzen. Was nicht einfach war. Denn für ihn war es wichtig, dass ich mit ihm trank. Bosse war übrigens niemals betrunken – sein Problem war, dass er nicht mit dem Trinken aufhören konnte. Alle zwei Stunden – selbst in der Nacht – griff er zum Glas. Ich sollte es ihm gleichtun, was ich aber nicht tat, dazu war ich viel zu müde. Ich hatte drei Babys in dreieinhalb Jahren bekommen! Du wirst verstehen, dass es mir das Herz brach, als ich realisierte, dass das Trinken für ihn zum alles beherrschenden Thema seines Lebens geworden war. Bosse kümmerte sich besonders um seine erste Tochter, also um sein erstes Kind, und überließ die anderen mir. Sein Trinken diente ihm nur als soziales Alibi, das ich ihm im Übrigen bezahlte. Um es kurz zu machen: Ich konnte ihn nicht davon abhalten, zu trinken – ich erreichte ihn nicht mehr. Nach vier gemeinsamen Jahren entschied er sich für die Flasche und verließ mich.

Bosse hat mir nach dem Tod von Aron das Leben gerettet. Und es bleiben diese drei wunderbaren Töchter, die er mir gegeben hat, wofür ich ihm immer dankbar war und dankbar sein werde.

Manchmal sah er nach den Mädchen, aber immer nur auf meine Initiative und natürlich auf meine Kosten. Er scheute keine Mühe, für seine Sucht Geld aufzutreiben, und schob dabei die Kosten für die Kinder vor, wenn er Freunde um Geld bat, um Essen für seine Kinder kaufen zu können. Die Medien wiederum beschuldigten mich, ihn vor die Tür gesetzt und ruiniert zu haben – tatsächlich aber habe ich sogar noch sechs Monate nach der Trennung für ihn gezahlt und ihm eine Wohnung besorgt und sie vom Bett bis zum Kaffeelöffel eingerichtet. Ich habe alles für ihn bezahlt, und er hat alles wieder verkauft. Auch Lars war betrübt und meinte, er hätte geglaubt, in Bosse einen Freund gefunden zu haben. Aber die Flasche war für Bosse wichtiger geworden als alle Freundschaft und Liebe in dieser Welt.

Wieder war ich eine Single-Mutter, wieder ging es ums Überleben. Und wieder war es eine Niederlage: Bosse konnte mein Leben retten, aber ich nicht seines. So zumindest habe ich gefühlt. Man darf nicht vergessen, dass die Hauptaufgabe für eine Frau damals immer noch darin bestehen sollte, den Mann glücklich zu machen und sich selbst dafür völlig aufzugeben.

Bosse hat übrigens noch zweimal geheiratet. Vielleicht wurde er trocken, weil die Kirche ihn an eine Rehabilitationsklinik verwiesen hatte. Danach hat er sich dann ernsthaft um die Kinder gekümmert. Spät, aber immerhin. Schon mit fünfzig ist er an Krebs gestorben, Aurora, seine älteste Tochter, war damals 15.

(Anna Wahlgren zeigt mir ein Bild ihrer acht erwachsenen Kinder.)

Sieh sie dir an. Es ist eine Schönheit in ihnen, die von innen kommt. Sie halten zusammen, sie sind sich alle sehr nahe. Sie sind wirklich wie beste Freunde, sie beschützen sich gegenseitig, sie helfen sich, sie haben viel Spaß miteinander, sie sehen sich die ganze Zeit, sie gehen loyal miteinander um. Die Jüngeren sind jetzt alle um die dreißig. Und alle haben gesagt, als sie jünger waren und Freunde hatten: »Du musst wissen: Wenn du mit mir lebst, dann ebenso mit meinen Schwestern.«

Die zweite kleine Gruppe, die drei Kinder meines zweiten Mannes, sind nun um die vierzig und die ersten beiden, Lars' Töchter, in den Fünfzigern. Sie sind sich alle sehr nah. Das war das Wichtigste für mich, dass sie einander haben – und zwar alle zusammen ihr ganzes Leben. Dafür sind sie mir dankbar. Sie sehen es als Glück, so viele und so eng miteinander zu sein. Und sie verstehen, dass ich dafür hart kämpfen musste, um ihnen dieses vielleicht schönste Geschenk im Leben mitzugeben.

Meine Kinder sind alle selbstständige und erfolgreiche Menschen auf ihren jeweiligen Gebieten. Letztes Jahr wurde meine Erstgeborene als erste Frau zur Professorin für Ästhetik in Schweden berufen. Mein Sohn, ebenso wie ich Autodidakt, ist einer der führenden Computerspielproduzenten der Welt. Stolz bin ich auch auf ein Kind, das beim SFI – Schwedisch für Einwanderer – Lehrerin ist. Ich bin auf alle stolz, es gibt unter ihnen kein »schwarzes Schaf«... Sie haben sozialen Erfolg und die Menschen in ihrer Nähe mögen sie, denn sie verfügen über eine liebevolle Ausstrahlung und tragen viel Freude und Liebe in sich. Sie sind, auch was ihre sozialen Beziehungen betrifft, wirklich wunderbar!

Das Wichtigste ist jedoch: Sie haben meine Geschichte nicht wiederholt. Sie sind nicht geschlagen, gehasst oder erniedrigt worden. Sie werden respektiert – und strahlen eine Liebe aus, die von innen kommt. Sie machen aus dieser Welt einen besseren Ort, und zwar alle. Sie halten zueinander und sind immer füreinander da. Das macht mich sehr glücklich.

DREI

Schreiben

4

Die Kinder waren meine Universität: »Das KinderBuch«

Wann hast du beschlossen, Bücher zu schreiben?

Geschrieben hatte ich schon immer, auch schon als Kind. Das Schreiben war meine Leidenschaft, sobald ich in die Schule kam. Und ich erhielt von meinen Lehrern viel Anerkennung für meine Geschichten, mit Ausnahme des Lehrers, als ich sechzehn war und für kurze Zeit zusammen mit meiner Mutter in Südschweden lebte. Aus irgendeinem Grund weigerte er sich, alles, was ich schrieb, zu akzeptieren, und gab mir die schlechtest möglichen Noten dafür. Es war das erste Mal, dass ich die Erfahrung machte, dass jemand, der mich nicht mag, meine Texte entsprechend interpretiert. Für mich besaß das, was ich schrieb, eine Art Eigenleben, ein schönes Leben, wie ich meine. Zuletzt in der Schule bekam ich dann Lars als Lehrer und schrieb wieder Bestnoten. Darüber gewann ich mein Selbstvertrauen für das, was ich schrieb, wieder zurück. Das Lob von ihm war für mich natürlich von enormer Bedeutung.

Nach meiner ersten Scheidung, als ich in diese verheerende persönliche und existenzielle Krise geraten bin, habe ich neben der Arbeit für meinen Lebensunterhalt zu studieren versucht und bin damit gescheitert. Ich habe es nicht geschafft. Und ich beneidete alle, die ihr Studium erfolgreich absolvierten. Ich hatte das Gefühl, dass die Welt voller normaler, gut funktionierender Leute ist, alles Mitglieder im Verein »Erfolgreich im Leben«, zu dem ich niemals eingeladen werden würde. Ich war kein Kind mehr, aber empfand mich immer noch als eine Randerscheinung in dieser Gesellschaft. Was also sollte ich machen? Gab es irgendetwas auf dieser Welt, was ich wirklich gut konnte? Noch einmal: Ich hatte versucht, zu studieren – und musste es aufgeben. Anschließend habe ich versucht, zu arbeiten – meine Mutter vermittelte mir eine Stelle als Bedienung in einem Café – und auch das habe ich nicht geschafft. Und wieder kannte meine Mutter den wahren Grund: Anna ist psychisch krank. Aber hatte sie vielleicht nicht doch irgendwo recht? Wie sollte ich das damals wissen?

Ich versuchte, an die staatliche Theaterschule zu kommen, sprach dreimal vor und wurde nicht angenommen. Mein ganzes Ich war ein einziges Desaster.

Eines Nachts, als ich in Stockholm unterwegs war, kam ein Krankenwagen vorbei. Ich blieb an der Kreuzung stehen und ließ meiner Fantasie freien Lauf. Wer könnte da drin sein? Vielleicht ein wohlhabender, erfolgreicher Mann, der einen Herzinfarkt erlitten hatte und jetzt dem Tod so nah war wie ich dem Krankenwagen? Natürlich, so fantasierte ich weiter, besaß er alles, was in unserer Gesellschaft zählt, ein wunderschönes Haus, eine glückliche Ehe, nette Kinder, die zu ihm aufsahen, weil er so erfolgreich Karriere gemacht hat – aber jetzt, in diesem Augenblick, als er da so allein im Krankenwagen lag, im Schatten des Todes, hielt ihm vielleicht niemand die Hand, abgesehen davon, dass ihm in diesem Moment sein ganzer Wohlstand auch nichts mehr nützte. Er besaß nichts – so wie ich. In diesem Moment seines Lebens stand er genauso nackt in seiner Existenz da wie ich. Ungeschützt, existenziell allein, ängstlich und voller Entsetzen, was mit ihm passiert war, ohne Hoffnung und dennoch betend, dass er das überlebt. Er war nur ein entblößtes menschliches Wesen, wie ich es empfand. Reich oder arm, erfolgreich oder vollständig scheiternd, ein vollwertiges Mitglied der Gesellschaft oder ein Außenseiter, eine Randexistenz – hinter dem oder jenseits von dem, wie wir uns wahrnehmen, sind wir alle auf unsere bloße Existenz reduziert, nackt und ungeschützt, und können dem nicht entkommen.

Genau in dieser Nacht fasste ich den ernsthaften Entschluss, zu schreiben. Plötzlich war ich mir sicher, dass es genau das war, was ich gut konnte. Immerhin waren zwei Lehrer, die ich in der Schule hatte, davon überzeugt gewesen. Ich kehrte in meine kleine, kalte Wohnung zurück, die ich mit einem Kommilitonen teilte, und schrieb eine zehn Seiten lange Kurzgeschichte darüber, wenn jemandem nichts mehr bleibt als sein nacktes Leben, wobei mir mein Erlebnis mit dem Krankenwagen als symbolischer Ausgangspunkt diente. Ich gab ihr den Titel »Die Brüder«. Dann las ich sie meinem Kommilitonen laut vor, besser gesagt, ich insistierte darauf, mir zuzuhören, mit der Folge, dass er noch bei meinem Vorlesen einnickte. Doch diesmal war es mir egal! Ich hatte mir vorgenommen, zehn Kurzgeschichten zu schreiben, die ich einem Verlag schicken wollte – natürlich dem größten in Schweden, Bonnier –, und hoffte, damit Erfolg zu haben.

Gesagt, getan. Nach zwei Monaten des Wartens bekam ich das Manuskript zurück. Abgelehnt! Aber dem Manuskript beigefügt war ein persönliches Schreiben, immerhin vom Verleger höchstpersönlich. Ganz offensichtlich hatte er die Geschichten gelesen, was bedeutete, dass andere sie ihm empfohlen hatten. Ein erster Sieg! Er (seine Sekretärin) schrieb, dass ihm zwei der Geschichten gefallen hätten, darunter »Die Brüder«. Jetzt gab es für mich keinen Zweifel mehr – ich würde Schriftstellerin werden. Ich warf die acht Geschichten, die ihm nicht gefallen hatten, in den Papierkorb, behielt die anderen zwei und schrieb acht neue. Unter diesen Geschichten gefiel ihm eine weitere, jetzt hatte ich schon drei und musste sieben neue schreiben. Zwei davon wurden akzeptiert, jetzt hatte ich fünf Geschichten. Und so setzte ich dieses Spiel fort, so lange, bis ich die zehn Kurzgeschichten zusammenhatte.

Eineinhalb Jahre nach dieser nächtlichen Begegnung mit dem Krankenwagen und seinem mysteriösen Patienten bekam ich den sehnlichst erwarteten Bescheid in meinem Leben: Bonnier schickte mir einen Vertrag zur Unterschrift. Mein erstes Buch, eine Sammlung von Kurzgeschichten, würde im Frühjahr 1968 erscheinen. Und so geschah es – ich glaube, die Erstauflage lag damals bei etwa 400 Exemplaren. Das Buch kostete um die dreißig Kronen, heute sind das drei Euro. Aber wow! – was war ich glücklich! Aus mir war eine Schriftstellerin geworden! Glücklich, wie ich war, schrieb ich in nur drei Wochen meine nächste Sammlung von Kurzgeschichten. Es ging um menschliche Beziehungen. Danach ermutigte mich mein Verleger, als ernsthafte Schriftstellerin einen Roman zu schreiben – wieso, fragte ich mich damals, war ich denn nicht ernsthaft? Kurzgeschichten galten damals, warum auch immer, nicht als ernsthafte Literatur. Und so schrieb ich meinen ersten Roman, der seine Leser fand, auch wenn es einige Zeit dafür brauchte. Meine Leser waren ganz normale Leute, verankert in der Wirklichkeit, und achteten weniger auf das, was die Feuilletons schrieben.

War das »KinderBuch« dann das erste Buch, das du speziell über Kinder geschrieben hast?

Ja, es war das erste – nachdem von mir bereits dreizehn Bücher veröffentlicht worden waren – Romane, Kurzgeschichten, dann wieder Romane und dann wieder Kurzgeschichten. Aber das »KinderBuch« war das erste Buch, das sich mehr oder weniger ausschließlich mit Kindern beschäftigt hat.

*Und warum hast du dich ausgerechnet für dieses Thema
entschieden?*

Weil mir mein erster Mann oft gesagt hat, ich solle doch einmal
ein Buch über Kinder schreiben. Und ich fragte ihn: »Warum
um Himmels willen soll ich das tun? Mit meinen Kindern lebe
ich doch, engagiere mich für sie vierundzwanzig Stunden am
Tag, denke an sie, trage sie in meinem Kopf herum. Und dann
auch noch ein Buch über Kinder?« Und er sagte: »Ja, genau
deswegen!« »Aber warum?«, fragte ich ihn noch einmal, war
doch das Schreiben von Kurzgeschichten und Romanen, in
denen endlich einmal *die Erwachsenen* die Hauptrolle spielen,
so etwas wie eine Insel für mich, umgeben von allen meinen
Kindern, für die ich allein verantwortlich war.

In meinem wirklichen Leben spielten die Erwachsenen
kaum eine Rolle, ich hatte keine Arbeitskollegen, keine Arbeits-
stelle, zu der ich mich jeden Tag aufmachte, keine Verwandten,
die mich besuchten, geschweige denn mich unterstützten. Es
gab auch keine Großeltern, die mich danach fragten, wie es
den Kindern geht, es gab schlicht und ergreifend keine Erwachsenen um mich herum außer meinen komplizierten Ehemän-
nern. Und Lars, dem Einzigen, der nicht von ständiger Eifersucht geplagt war und der statt Schwierigkeiten zu machen,
mich unterstützte. Aber er war siebzig und ich fünfunddreißig,
erwartete mein neuntes Kind und arbeitete so hart wie nie, um
alle versorgen zu können, inklusive des Vaters der jüngsten
Kinder, der Theologie studierte und Pastor werden wollte und
kein Geld verdiente.

Ich kannte also kein privates Leben, sondern schuf es mir,
indem ich es mir im Schreiben erfand. Eine Erwachsenenwelt,
die ich nicht besaß und die ich mir erschloss, indem ich draußen herumspionierte. Ich sah mir Leute in den Geschäften
an, auf der anderen Straßenseite, Menschen hinter ihren ver-
schlossenen Fenstern, Erwachsene eben, und ich stellte mir

vor, was für ein Leben sie führten. Damals schrieb ich auch noch Stücke fürs Fernsehen und Radio, die von bekannten Schauspielern gesprochen wurden, und war höchst erfreut darüber, wie meine fiktiven Vorstellungen dann buchstäblich Gestalt annahmen, zu richtigen Menschen wurden aus Fleisch und Blut. Diese Stücke besaßen alle denselben Ausgangspunkt. Ich platzierte zwei Menschen – Mann und Frau – allein und ohne andere in einen Raum, stellte sie in eine ganz gewöhnliche Situation und dann fing ich in meiner Vorstellung an, ihnen zuzuhören. Was würde passieren? Was würden sie machen, was würden sie sagen, und was würde es bedeuten? Jedes dieser Stücke, jede Kurzgeschichte, jeder Roman bestand für mich darin, das Abenteuer des Erwachsenseins darzustellen. Und nun wollte Lars, dass ich ein Buch über Kinder schrieb. »Warum gerade ich?«, fragte ich ihn immer wieder, und er antwortete mir: »Weil du bestens dafür geeignet bist. Du hast bewiesen, dass du gut schreiben kannst, und du bist eine exzellente Mutter. Und diese Kombination«, so fuhr er fort, »ist unschlagbar!«

Anfangs habe ich mich geweigert, auch nur daran zu denken, aber er saß mir damit zehn Jahre im Nacken. Er hat nie aufgegeben, mich darin zu ermutigen. Und als mein letztes Kind geboren wurde und ich wusste, dass es diesmal wirklich das letzte Kind sein würde, entschloss ich mich, genau das zu tun: Ein Buch über Kinder zu schreiben. Weil man diese Zeit, in der man mit einem Neugeborenen zusammen ist, so schnell vergisst.

An meiner jüngsten Tochter konnte ich mich daran erinnern, wie sich ein Kind entwickelt. Was seine Bedürfnisse sind, wie man für es sorgt. Auf diese Weise entwickelte sich das Buch immer mehr dahin, den ganzen Prozess, die ganze Geschichte von der Schwangerschaft bis zum sechzehnten Lebensjahr, zu thematisieren. Das ganze Projekt »KinderBuch« wurde buchstäblich mit meiner jüngsten Tochter geboren.

Ich habe zweieinhalb Jahre für das KinderBuch in meiner Umgebung geforscht, habe »spioniert« und nachgedacht, andere Eltern interviewt und Familien in allen möglichen Situationen beobachtet – und dann habe ich noch einmal zweieinhalb Jahre daran geschrieben.

Als ich Lars, also meinem ersten Mann und damaligen Schwedischlehrer auf dem Internat, das umfangreiche Manuskript, 1.300 Seiten, alle mit einer Schreibmaschine geschrieben, schließlich zum Lesen gab, meinte er nach der Lektüre, fast ein wenig schockiert: »Das war mit Abstand der längste Aufsatz, den ich je in meinem Leben gelesen habe.«

Natürlich habe ich das Manuskript nach der ersten Durchsicht noch korrigiert und umgeschrieben, aber nicht weil er mir dazu geraten hätte, sondern weil ich das bei all meinen Büchern so gemacht habe und mache. Er hat dann auch die allerletzte Fassung sorgfältig gelesen und mich erneut ermutigt. Wieder schlüpfte er in die Rolle des Mentors, der er immer für mich gewesen war. Ohne ihn hätte ich dieses Buch, glaube ich, nicht geschrieben. Er hat meine gesamte Karriere als Autorin *und* Mutter, solange er gelebt hat, begleitet – mit Bewunderung und dem festen Glauben an mich.

Warst du von Anfang an davon überzeugt, dass das »KinderBuch« einen solchen Erfolg haben würde?

Die Arbeit an dem Buch hätte mich wirklich fast das Leben gekostet. Als ich das letzte halbe Jahr daran gearbeitet habe, 16 Stunden am Tag, genau wie meine Kinder, die an meiner Stelle den Haushalt schmeißen mussten und das Familienleben in Gang halten, hatte ich zwei regelrechte Zusammenbrüche. Aber die Kinder waren fantastisch, die Teamarbeit war perfekt. Ich habe ja fast zwei Jahre lang kaum einmal die Sonne gesehen. Natürlich ging es nur, weil ich fest an das geglaubt habe, was ich da tat. Ich war mir – im Gegensatz zu manchen Selbstwertproblemen – immer bewusst gewesen, dass ich gut schreiben und gleichzeitig gut für meine Kinder und ihre Erziehung sorgen kann. Und ich wusste, ich würde anderen Eltern helfen können. Das hatte ich schließlich auch schon vorher gemacht. Jetzt war ich überzeugt, dass das Buch eine Hilfe für alle diejenigen sein würde, die ich über meine Ratgeberkolumnen in verschiedenen Zeitungen und Illustrierten nicht erreichen konnte. Ich habe dabei auch an meine zukünftigen Enkelkinder gedacht, hier konnte ich in einem Buch für meine Kinder, wenn sie einmal Eltern werden sollten, alle meine Erfahrungen und alles Gelernte zusammentragen. Aber auch andere Überlegungen ließen mich an einen Erfolg glauben.

Damals – wie du weißt, erschien die erste Auflage des »KinderBuchs« 1983 – war das persönliche Interesse für Kinder im Vorschulalter noch groß (übrigens geht es in der Hälfte des Buches um Kinder im Alter von 0 bis einem Jahr). Die große Mehrheit der Eltern fühlte sich damals noch verantwortlich, ihre kleinen Kinder großzuziehen. Und je mehr persönliche Verantwortung im Spiel ist, desto größer das persönliche Interesse. Heutzutage teilen nur noch wenige schwedische Eltern ihren Alltag mit ihren Kindern. Vielleicht noch im ersten Lebensjahr. Dann vertrauen sie den Kindertagesstätten, die Verantwortung für ihre gerade mal Einjährigen zu übernehmen, sodass sie sie »vergessen« und sich auf das Leben in *ihrer* Welt konzentrieren können, *einer Welt ohne Kinder*. Die Zeiten haben sich eben grundsätzlich verändert. Nicht unbedingt zum Besseren, was die Kinder betrifft, wie ich meine.

Zudem fehlte in den 80er-Jahren ein Buch über Kinderpflege und Kindererziehung für das Alter von 0 bis 16 Jahren. Nach dem berühmten »Dr. Spock«, einem Elternratgeber, der in den USA das erste Mal schon in den Vierzigerjahren des letzten Jahrhunderts erschienen war, waren nur wenige solcher Bücher und darunter keine bedeutenden mehr veröffentlicht worden. Der Markt war also vorhanden und ich war im Besitz der Inhalte, ihn zu bedienen: Ich besaß die authentische Lebenserfahrung im Zusammenleben mit Kindern in allen Lebensaltern. Ich war eine Mutter, die dadurch, dass sie zu Hause arbeitete, ständig mit den Kindern zusammen war, betrachtete sie also nicht aus der Distanz, aus der Schreibtischperspektive heraus, ohne Bezug zum wirklichen Leben. Ich erforschte das Leben selbst. Du siehst also, dass ich keinerlei Probleme damit hatte, daran zu glauben, dass das, was ich machte, wichtig war, gut geschrieben und wirklich gebraucht wurde. Der Verlag plante mit einer Auflage von drei- bis viertausend Exemplaren, worauf ich sagte: »Bis Weihnachten werden sich 50.000 Bücher verkauft haben.« Sie haben mich damals ausgelacht, aber ich habe recht behalten!

Obwohl ich das Wort nicht mag, war ich auf meine Weise eine Expertin. Ich (und Lars) standen auf jeden Fall zu meiner Arbeit. Es ging in dem Buch ja nicht nur um eine Mutter, die ihre vielen Kinder liebte und selbst für sie sorgte. Es war in mancher Hinsicht auch eine Forschungsarbeit. Im Leben mit meinen Kindern wollte ich etwas über die Grundlagen der Existenz des Menschen erfahren und sie verstehen, und obwohl ich natürlich emotional beteiligt gewesen bin, ging es mir darum, das Wesen von unser aller Existenz zu erforschen, mit Neugierde, Realitätssinn und Sorgfalt.

Um zu sehen, dass es sich wirklich um ein Forschungsprojekt gehandelt hat, nützt der Vergleich mit einem Forscher – ich bin der Überzeugung, dass man einem Mann, der sich für zwanzig Jahre in den Dschungel begibt, um Orang-Utans zu studieren, ein solches abgenommen hätte. Einem Wissenschaftler, der sie Tag und Nacht studiert, um alles zu erfahren, was in ihrem Leben von Bedeutung ist, und der dann ein dickes Buch darüber schreibt. Er ist Forscher, Wissenschaftler, wird vielleicht sogar ein Professor für Orang-Utans. Niemandem würde im Traum einfallen, seine Autorität, womöglich als Professor, infrage zu stellen, nachdem er zwanzig Jahre zusammen mit den Orang-Utans gelebt hat. Verstehst du, was ich meine? Als Mutter, als Frau habe ich mich mein ganzes Leben für all diese menschlichen Orang-Utans engagiert – für meine eigenen und die Kinder anderer. Ist meine Arbeit nicht genauso wertvoll wie die eines solchen Forschers? Wirklich nicht?

Privat war das Leben in dieser Zeit keinesfalls einfach. Aber was die Arbeit selbst angeht, besaß ich eine ziemliche Kraft und Stärke. Als ich meinem Verleger mein schwergewichtiges Manuskript übergab, bekam er zunächst einen kleinen Schock. »Das ist mit Abstand das umfassendste Manuskript, das ich je von einem schwedischen Autor bekommen habe.« Und er verlangte, dass ich das Buch in zwei Teile zerlege, was zu tun ich mich weigerte. Dann wurde ich zu einem Essen mit drei Frauen vom Verlag eingeladen, die von mir verlangten, dieses und jenes zu verändern, dieses oder jenes zu streichen (wir können Frauen kein schlechtes Gewissen machen, wissen Sie?), das eine oder andere zurückhaltender zu formulieren, auf soundso viele politische Streitthemen zu verzichten, um das Buch »politisch korrekt« zu machen, usw. Ich hörte ihnen mehr oder weniger schweigend zu, bis ich mit den Worten ging: »Die einzige Lösung sehe ich darin, dass ihr alle nach Hause geht und ein besseres Buch schreibt. Wenn ihr aber dieses wollt, bleibt jedes Komma da stehen, wo es ist.« Danach ging ich weinend nach Hause, weil ich so enttäuscht war. Eine Woche lang war ich mir nicht sicher, was passieren würde. Aber schlussendlich erschien das Buch dann ohne jede Änderung. Und war sofort erfolgreich. Ein – männlicher – Journalist rief mich an und sagte: »Sind Sie jetzt nicht dankbar, dass Sie die Möglichkeit hatten, ein solches Buch zu schreiben?« »Von welcher Möglichkeit sprechen Sie?«, fragte ich ihn zurück. »Wem soll ich dankbar sein? Meinem Ehemann? Meinem Chef, den ich nicht hatte?

Dem lieben Gott?« Mittlerweile bin ich all dessen so überdrüssig. Immer, wenn eine Frau irgendetwas Wichtiges und Bedeutendes hinbekommt, sie ganz allein, glaubt die ganze, d. h. die männliche Welt, dass ihr ein Mann die Möglichkeit dazu verschafft hat, und er – über ihr stehend – ihr die Erlaubnis gab, zu tun, was sie will. Generös genug!

In gewisser Hinsicht hat tatsächlich der liebe Gott alles möglich gemacht. In Anbetracht meiner Kindheit waren die Mittel, mit denen man mich ausgestattet hatte, eine gute Mutter und eine für alles offene Kindheitsforscherin zu werden, nicht gerade üppig gesät. Doch dafür hat mir der liebe Gott das Geschenk mitgegeben, Kinder zu verstehen. Weißt du, ich habe offensichtlich einen »grünen Daumen« mit Kindern, so wie andere Leute einfach wissen, wie man am besten mit Pflanzen umgeht, damit sie wachsen und später Blüten tragen, wozu ich übrigens völlig ungeeignet bin. Es gibt ja auch welche, die besonders gut mit Pferden umgehen können, also diese sogenannten »Pferdeflüsterer«. Ich habe oft versucht, auf einem Pferd zu reiten, aber ich weiß bis heute nicht, was ich anstellen muss, damit es losläuft. Und vor allem: Ich weiß nicht, was ich tun muss, damit es aufhört, zu rennen, eine ganz fürchterliche Vorstellung. Zumal ich gar nicht wüsste, wie man es lenkt oder dass es wieder umkehrt. Jemand hat mir erklärt, dass man einfach mit der Zunge schnalzen müsse, und dann würde es schon klappen. Fehlanzeige. Was Pferde betrifft, bin ich wirklich eine Null.

Stattdessen also hat mir der liebe Gott das Geschenk gemacht, Kinder zu verstehen. Ich habe einen »grünen Daumen« mit Kindern. Und zwar in jeder Größe.

Insofern konnte ich mir gut vorstellen, dieses Buch zu schreiben. So, wie jeder, den du fragst und der gut mit Pferden oder mit Pflanzen kann, dir sagen kann: »Mach es so, oder mach es so.« Und genauso habe ich das »KinderBuch« geschrieben. Also mach dies oder mach das mit deinem Kind oder deinen Kindern und es wird schon klappen.

Das wirklich interessante bei dem ganzen Unterfangen war für mich aber, zu erklären, WARUM es gut ist, dieses oder jenes zu tun. Wenn du willst, das herauszufinden, was sich *hinter* dem Ganzen verbirgt. Ich wusste, dass das, was ich machte, richtig war, das konnte ich der Reaktion des entsprechenden Kindes entnehmen. Aber WARUM war es richtig?

Zum Beispiel kam ich, nachdem ich lange Jahre mit Kindern jeden Alters gelebt und gearbeitet hatte, dahinter, dass der Schlüssel jeder »richtigen« Erziehung dann sichtbar wird, wenn das Kind auf dein Verhalten eine Reaktion zeigt, die dadurch gekennzeichnet ist, dass es *erleichtert* ist, dass du es entlasten konntest. (Nota bene, eine solche Reaktion gibt es nicht umsonst, weit häufiger erfolgt sie nicht sofort, sondern du musst mehr oder weniger hart dafür arbeiten!) Der Ausdruck genau dieses Gefühls, »*von etwas erleichtert zu sein*« oder »*entlastet*«, ist immer die Antwort des Kindes darauf, ob du etwas richtig oder falsch gemacht hast. Mit anderen Worten: Auf das, was du richtig gemacht hast, wird ein Kind immer mit Erleichterung reagieren. Das war für mich der Ausgangspunkt des Geheimnisses, der Schlüssel zu allem. Blieb die Frage übrig, WARUM es so ist. Warum reagiert ein Kind mit Erleichterung auf das, was ich tue, warum reagiert es »richtig«?

Darüber habe ich lange und ernsthaft nachgedacht. Mein Verständnis von Kindern musste über das rein Intuitive hinausgehen, ich musste es vertiefen. Schließlich kannst du nicht einfach sagen: »Tu dies, tu das, hör auf mit dem, hör auf mit jenem«, wenn du dich mit Kindern (oder Pflanzen oder Pferden) abgibst. Du musst das WARUM erklären, d. h. dein intuitives Wissen mit einer mehr oder weniger ausgesprochenen Theorie unterlegen, die klar und logisch verständlich formuliert sein soll, für jede und jeden nachvollziehbar. Und genau das war es, was mich beim Schreiben des Buches am meisten angestrengt hat, war es doch so weit von dem entfernt, was du beim Schreiben von erfundenem Leben in Romanen beachten musst. Dabei war ich mir nur sicher, niemandes Theorie abzukupfern, mich nicht hinter dem Schreibtisch zu verschanzen, um Bücher zu lesen, die wiederum hinter anderen Schreibtischen entstanden waren. Ich wollte meine eigenen Theorien formulieren, indem ich auf meine umfassende Praxis zurückgriff, und sie sollten auf meinem eigenen freien Denken beruhen.

Übrigens geht es auch in meinem »DurchschlafBuch« genau darum. Warum funktioniert meine Schlafkur? Es geht nicht hauptsächlich darum, dieses oder jenes einfach zu machen. Klar, die Kur hat Erfolg, aber noch einmal: WARUM?

Und du hast es herausgefunden.

Ja. Du kannst es in den Büchern nachlesen. Schließlich hast du sie selbst verlegt. Das Entscheidende bei allem ist: Kinder brauchen Geborgenheit, sie brauchen Sicherheit, dies aber nicht nur in emotionaler Hinsicht, sondern faktisch, physisch, ganz konkret. Das ist auch das Geheimnis guten Schlafs, denn wir alle brauchen diese Sicherheit, dieses Wissen, im Leben sicher zu sein. Und natürlich ist es nicht nur das Geheimnis guten Schlafs. Es ist das oberste Gebot der Erziehung aller kleinen Kinder bis zu ihrem zwölften Lebensjahr, denn so lange sind sie völlig abhängig von uns Erwachsenen, die wir ihnen die Sicherheit für ihr Leben gewähren müssen. Etwas drastisch auf den Punkt gebracht: Es geht um die Frage *des Überlebens*, es handelt sich dabei wirklich um eine Frage auf Leben und Tod.

Du selbst hattest diese Sicherheit nicht. Vielleicht bist du deshalb darauf gekommen, dass dies das Tor ist, durch das jeder hindurchmuss?

Ich glaube nicht, dass es konkret mit meiner eigenen Kindheit zu tun hat. Zuerst musste ich sie hinter mir lassen. Meine Eltern existierten ja gar nicht als Eltern, sie waren gar nicht da, ich hatte kein Zuhause, keinen Hintergrund. Du kannst mich, ich meine das Kind von damals, mit einem Vogeljungen vergleichen, das zu früh aus dem Nest geworfen wurde. Ich hatte zu fliegen und ich lernte zu fliegen, so gut ich konnte, aber ich war noch nicht dazu in der Lage, und meine Flügel waren dadurch, wie sie mich behandelt hatten, gebrochen. Mein ganzes Leben lang haben mich Leute gefragt:»Woher kommst du?«, und ich konnte genau diese Frage nicht beantworten. So sagte ich:»O.k., ich kann dir zwar sagen, wo ich geboren wurde, aber dennoch komme ich von nirgendwoher.«

Und woher hast du deine Sicherheit genommen, mit Kindern umzugehen?

Als mein erstes Kind, also die erste Tochter mit Lars, auf die Welt kam, habe ich überhaupt nichts gewusst, gar nichts. Ich wurde schwanger und neun Monate und eine Woche nach der Hochzeit gebar ich ein Mädchen. So sollte es damals sein: Du heiratest und nach der vorgesehenen Zeit bekommst du ein Kind. Und dann noch eines, am besten also zwei Kinder, einen Jungen und ein Mädchen. Lars und ich bekamen zwei Mädchen, Sara Maria und dann Nina Ulrika, die eineinhalb Jahre später geboren wurde.

Ich hatte, wie gesagt, keine Ahnung von Kindern, also damals, als ich mit 19 Jahren selbst eines bekam. Ich war ja nicht einmal in einer Familie aufgewachsen. Somit hatte ich keine große Wahl. Ich musste versuchen, *vom Kind* zu lernen. Der Ausgangspunkt musste sein, dass das Kind wohl aus demselben Stoff wie ich selbst gemacht war!

Und das war sie. Sie war ein Mensch aus Fleisch und Blut, so wie ich auch, mit denselben genuinen menschlichen Bedürfnissen wie ich. Was ich von ihr lernte, war das, *was alle Menschen ausmacht.*

Mein Ansatz richtete sich also mehr an dem aus, was faktisch da war, und weniger daran, was ich fühlte. Um ehrlich zu sein, ich wagte es gar nicht, mich an mein Kind nach dieser »Mami liebt ihr Baby«-Kiste zu klammern, hielt ich mich doch selbst für eine schlechte und unwürdige Person: Armes Kind, mich zur Mutter zu haben! (Womit ich wohl ganz recht hatte, denn als der alte Lars und ich uns damals scheiden ließen, bezeugte mein Vater als Zeuge vor Gericht, dass ich eine schlechte Mutter sei, die das Sorgerecht für ihr Kind nicht verdiene. Er hatte mich zwar nie mit meinen Kindern gesehen, aber wusste natürlich Bescheid.)

Ich habe also ganz von mir selbst abgesehen und mich nur auf das Baby konzentriert. Das Einzige, was ich wusste, war, dass sie zur menschlichen Spezies gehörte, ganz wie ich und alle Menschen aus Fleisch und Blut. Deswegen musste sie wohl dieselben Grundbedürfnisse wie wir alle haben, nach Nahrung, nach Schlaf und einem sicheren Dach über ihrem Kopf, mit anderen Worten nach Sicherheit und nach Wärme, in beiderlei Sinn des Wortes, und nach Freude. Für mich sind das (wie ich glaube, für jedermann) die wichtigsten Voraussetzungen für die gute Entwicklung eines jeden Kindes – wie übrigens für jede lebendige Kreatur, ob klein oder groß. Und genau das alles habe ich ihr im Übermaß gegeben. Darüber hinaus hielt ich mich einfach zurück, um das Kind genau zu studieren, mir genau anzusehen, was es machte, wenn es sich sicher fühlte, sein Überleben gesichert war. Ich war neugierig, ich wollte von diesem Baby etwas über die menschliche Entwicklung lernen. Ich habe meine Elternrolle als Job verstanden, wie eine, die noch lernen und ausgebildet werden muss. Du weißt ja, dass ich eine gute Ausbildung genossen hatte, Leute auszuspionieren!

Alles, was ich über kleine (und nicht ganz so kleine) Kinder weiß, haben mir die Kinder beigebracht. Die Kinder waren meine Universität.

Wie ich schon sagte, Gott hat mir die Gabe mitgegeben, kleine Kinder *verstehen* zu können. Deshalb wurde mein erstes Kind kein Versuchskaninchen. Ich beobachtete sie neugierig, war bereit, dazuzulernen, und besaß ein Einfühlungsvermögen, für das ich unserem Schöpfer nur danken kann. Und ich handelte in Übereinstimmung mit ihren Fragen und Reaktionen und bin nicht danach gegangen, was die allgemeinen Maßstäbe jener Zeit mich lehren wollten.

Vor knapp einem halben Jahrhundert, also vor etwa 50 Jahren, hatte das »Vier-Stunden-Prinzip« noch Gültigkeit. Das Kind sollte alle vier Stunden gestillt werden. Nach abgeschlossener Mahlzeit – höchstens 20 Minuten – sollten beide Brüste vollkommen geleert sein. Das Kind sollte zu Hause soundso viel Milch bei jeder Mahlzeit trinken. Es gab Listen darüber, wie viel Gramm das Kind in welchem Alter braucht. Die Portionen waren, wie ich bald feststellte, erbärmlich, aber die Trinkmengen wurden auf der Neugeborenenstation strengstens überwacht. Um überprüfen zu können, ob das Kind zu Hause auch genug Milch bekam, rieten die Ärzte dazu, sich eine Waage auszuleihen. So konnte man das Kind vor und nach jeder Mahlzeit wiegen. Und im Alter von einem Monat sollte die Nachtmahlzeit gestrichen werden (damals gab es nur eine!). Eine Wiege brauchte man auch. Darüber hinaus konnte man das Kind im Kinderwagen beruhigen, indem man es über Türschwellen und Teppichkanten hin- und herfuhr. Und sobald die Nabelschnur mit dazugehöriger schrecklicher Klammer abgefallen war, sollte das Kind für einen besseren Schlaf auf den Bauch gelegt werden. Bis dahin sollte man das Kind auf die Seite legen – in Fötenstellung mit einer zusammengerollten Decke als Stütze im Rücken. Und man musste sehr darauf achten, dass man die Seite nach jeder Mahlzeit wechselte.

Mit diesem vorgeschriebenen Schema im Kopf kam ich mit meiner neugeborenen, eine Woche alten Tochter nach Hause und hielt mich weiterhin an die Vorschriften. Aber das Kind schrie. Und schrie. Und schrie. Warum schrie sie? Sie bekam doch alles, was sie brauchte, genau nach Waage und Altersliste. Warum war sie trotzdem nicht zufrieden? Sie schrie Tag und Nacht.

Ich hatte das unfassbare Glück, dass ich nach zwei Wochen zu Hause entdeckte, dass unsere ausgeliehene Babywaage defekt war. Die Kleine hatte überhaupt nicht das zu essen bekommen, was sie brauchte. Sie hatte seit ihrer Geburt abgenommen! Daraufhin habe ich mich keinen Deut mehr um irgendwelche Listen und Waagen gekümmert, sondern habe ausschließlich das Wohlbefinden der Kleinen vor Augen gehabt und nichts anderes. Sie trank, bis die Milch beinahe durch ihre Ohren wieder herausgespritzt kam. Das Schreien hörte sofort auf. Und kam nie wieder. In der darauffolgenden Woche machte sie nichts anderes als essen und schlafen, essen und schlafen. Und danach wurden wir mit ihrem ersten, strahlenden Lächeln belohnt.

Ich hatte wirklich Glück – denn so erreichte ich den Wendepunkt. Die Mütterberatungsstelle war ja nicht schuld, dass die Waage, die wir uns geliehen hatten, defekt war, aber erneutes Wiegen mit einer anderen Waage zeigte, dass die Kleine, wenn sie so viel zu trinken bekam, dass sie wirklich proppesatt wurde, fast das Doppelte der von der Beratungsstelle empfohlenen Menge hinunterschlang.

Ich habe nicht verstanden, warum die empfohlenen Trinkmengen so knapp bemessen waren. Warum sollten kleine Kinder an der Grenze des Verhungerns gehalten werden? »Achte darauf, dass sie nicht zu viel trinkt«, bekam man zu hören, ständig und überall. Ich habe natürlich nicht die Wahrheit erzählt: dass sie nicht nur so viel zu essen bekam, wie sie innerhalb der vorgegebenen 20 Minuten schaffte, sondern dass ich sie bei jeder Mahlzeit regelrecht mästete. Für mindestens noch mal 20 Minuten.

Und bald danach habe ich dann das erste Mal von Koliken gehört. Erschreckende Geschichten über kleine Kinder, die drei Monate lang Tag und Nacht schrien, machten die Runde. Ich, die dank der fehlerhaften Waage gelernt hatte, selbst ein wenig nachzudenken, wusste ja, was mein kleines Nebelhorn zum Schweigen gebracht und sie still, zufrieden und gelassen gemacht hatte: essen, viel essen, mehr essen und noch mehr essen. Ich ging umher und brütete über meine ganz eigene Theorie zum Thema Kolik. Und diese Theorie sollte über die Jahre Hunderte Male bestätigt werden: Eine Kolik ist eine nicht gelinderte Überlebensangst. Kein Kind wird mit einer Kolik geboren. Es gibt keine vorprogrammierten Kolikkinder, genauso wenig, wie es Kopfschmerzfrauen oder Magengeschwürmänner gibt. Mit meinem Patentrezept – essen, viel essen, mehr essen und noch mehr essen – ließen sich dann auch sämtliche Kinder kurieren, indem deren Mütter jegliche Listen über Bord warfen und sie mit Nahrung so vollstopften, dass es an beiden Enden wieder herauskam.

Zum ersten Mal – aber nicht zum letzten – wunderte ich mich über die merkwürdige Verordnung, die mehr oder weniger offen vorschreibt, dass es kleinen Kindern gar nicht so sehr gut gehen sollte. Nicht zu gut. Nur einigermaßen gut! Sie sollen das essen, was sie brauchen, und nicht mehr. Sie sollen so viel schlafen, wie sie brauchen, und nicht mehr. (Das durften sie damals, im Gegensatz zu heute, wenigstens – aber meistens durften sie sich auch in den Schlaf schreien, genau wie heute.) Säuglinge sollen sich nicht in Wohlbefinden wälzen, schien die Regel zu sein, damals wie jetzt. Sie sollten nicht genießen. Sie sollten schreien und Probleme haben. Und vor allem sollen sie ein Problem darstellen, nicht zuletzt für ihre armen Mütter.

Möglicherweise gab es damals einen Zusammenhang zwischen der Emanzipation der Frauen und dem Bedarf des Arbeitsmarktes – jedenfalls in Schweden, wo die Nachfrage nach Arbeitskräften enorm war. Und so wurde es schon Anfang der 60er-Jahre allgemein üblich, die kleinen Kinder als anstrengende Hindernisse in fast allen Zusammenhängen zu betrachten. Misstrauisch, wie ich geworden war, witterte ich eine gesellschaftspolitische Konspiration. Die Kinder sollten überhaupt nur als anstrengend betrachtet werden! Denn so konnten sich die Mütter leichter von ihnen trennen. Und in der 70ern wurde die öffentliche Debatte davon geprägt, dass jedermann sich nicht nur über die Kinder beklagte, sondern über die Familie als Institution überhaupt. Die Leute wurden am laufenden Band geschieden und forderten zornig, dass die Gesellschaft sich um die Pflege und das Wohlergehen der Kinder kümmern solle. Die Frauen würden eine wahre Hölle mit ihren Kindern durchleben: Die Schwangerschaft sei anstrengend, die Geburt sei anstrengend, sie großzuziehen sei anstrengend, und es sei auch überaus schwierig, sie schon früh wieder loszuwerden. Es gab noch keine Ganztagsplätze für jedes Kind ...

Mein kleines Mädchen war glücklich. Es ging ihr so gut, wie es einem kleinen – oder gewiss auch einem großen – Menschen nur ergehen kann. Sie aß wie ein Pferd, schlief wie ein Murmeltier, arbeitete mit Leib und Seele, erkundete die Welt als freiheitsliebende und mutige Entdeckungsreisende, die sie war (und blieb), von allen Seiten, und das alles mit einem Intellekt, der wie ein grenzenloser Sternenhimmel nur so funkelte und glänzte. War sie glücklich, weil ihre Mama zu Hause und bei ihr war? Das will ich nicht behaupten. Ich habe meine persönliche Bedeutung als Fürsorgeperson nie überschätzt – meine Kleine nannte mich nicht einmal Mama, denn so nannte ich mich ja auch nie selbst. Ich war Anna. Mein Ziel war es, für sie zugänglich zu sein als ihre beste Freundin der Welt, als eine Verbündete, die ihre Interessen wahrte (was sie für sich selbst noch nicht konnte). Mein Einsatz bestand darin, ihr die Voraussetzungen zu geben für ihre eigene, freie Entwicklung, die in ihrem Inneren festgelegt war wie ein Gesetz, das ganz eigene Gesetz der Evolution.

Es hat nicht viele Tage gedauert, bis ich begriffen hatte: Wenn ihre Entwicklung ihren freien Lauf nehmen sollte –»What a man can be, he must be« (Maslow) –, musste sie vor allem viel mehr essen, als für das reine Überleben notwendig war, und sie musste viel mehr Schlaf bekommen als die Menge, mit der sie an und für sich »ausgekommen« wäre. Ein kleiner Mensch – wie auch ein großer – wird, wie gesagt, erst frei sein und sich gegen einen grenzenlosen Sternenhimmel erheben können, wenn seine grundlegenden Bedürfnisse nicht nur im Nachhinein, wenn der Mangel akut geworden oder überhaupt erst entstanden ist, zufriedengestellt werden, sondern vorbeugend, kontinuierlich und in reichem Maße. Erst dann wird er frei sein und sein volles menschliches Potenzial entfalten können. Dann ist er frei – im Gegensatz zu gefesselt, gebunden und unfrei.

»Du wirst ja keine einzige Minute für dich selbst haben!«, bemitleideten die Leute mich hin und wieder, als die Kleine etwa ein Jahr alt geworden war. Ich verstand offen gestanden nicht, wovon sie redeten. Tat ich ihnen leid? Warum denn? Außerdem hatte ich ganz viele Minuten für mich selbst, wenn nicht Stunden. Das Kind schlief zwölf Stunden jede Nacht. Sie spielte morgens zwei Stunden in ihrem Bett, wo sie sich wertvolle Lösungen für irgendwelche Probleme aneignete und manchmal noch eine Runde schlief; ihr Mittagsschlaf dauerte immer anderthalb Stunden, und abends wurde sie um 18 Uhr von Papa ins Bett gebracht. Warum sollte ich mich beklagen? Ich verstand, dass ich klagen *sollte*. Hätte ich die Wahrheit gesagt – dass ich kaum erwarten konnte, in den Stunden, die ich nicht für mich selbst hatte, dieses fröhliche, schlaue, ununterbrochen interessante kleine Menschenkind zu genießen –, wäre ich auf taube Ohren gestoßen. Ich glaube, du verstehst, worauf ich hinauswill. Das Leben mit kleinen Kindern soll ein Genuss sein – und sie sollen auch selbst das Leben genießen! Etwas anderes wäre nicht zu verantworten, egal was die »Tagesordnung« auch bieten mag. Aber heute, fast ein halbes Jahrhundert später, ist diese Ordnung, die ich – immer noch genauso, vermeintlich sogar ein bisschen krankhaft, auf jeden Fall misstrauisch wie damals – als konspirativ betrachte, vorherrschend: Kleine Kinder sollen geradezu als anstrengend, als problematisch, ja sogar als »dysfunktional« empfunden werden. Wodurch eine ganze Industrie mit vielfachen Nebenzweigen entstanden ist, um dieses angebliche Elend der Kinder auszubeuten.

Wie würde die Welt aussehen, wenn sie von harmonischen Kindern – denen es einfach nur gut geht, die das Leben genießen und deren Gehirne sich ungehindert und aktiv entwickeln können – bevölkert würde? Wem würde es dann gelingen, die Macht über sie zu gewinnen?

Heutzutage ist es auch der Schlafmangel, der die kleinen – und nicht ganz so kleinen – Kinder an eine sowohl körperliche, seelische wie auch intellektuelle Unfreiheit fesselt. Die Schlafprobleme der Kleinen sind nicht vom Himmel gefallen. Sie sind in unserer Kultur herangezüchtet worden. Kinder werden nicht mit Schlafmangel geboren, genauso wenig wie sie mit einer Kolik auf die Welt kommen. Meiner Konspirationstheorie zufolge haben die Eltern der westlichen Welt es nicht nur trotz besseren Wissens und in fehlgerichtetem Wohlwollen versäumt, die allgemein menschlichen Grundbedürfnisse der kleinen Kinder in einer für das Kind zufriedenstellenden Weise zu wahren – sondern: Sie sind auch seit Jahrzehnten regelrecht dazu aufgefordert worden. Deshalb wird meine Durchschlafkur mancherorts noch als kontrovers angesehen (doch nicht von den Kindern). Die Freiheit der Gedanken setzt körperliches Wohlbefinden voraus. Als allerersten Schritt!

Mit acht Monaten – du weißt, dass ich viel über die sogenannte »Achtmonatsangst« geschrieben habe, über dieses plötzliche

Auftauchen des »Ich« – lag sie einmal auf dem Wickeltisch, ich habe ihre Windeln gewechselt und mich über sie gebeugt, um ihr einen Kuss zu geben, so wie immer, wenn der »Job« erledigt war; da hat sie mir plötzlich und völlig unvorhersehbar ins Gesicht geschlagen. Ich war total bestürzt. Ich dachte, sie müsste schrecklich unglücklich sein, so etwas zu tun. Also begab ich mich zu einer Kinderpsychologin. »Warum nur hat sie das getan?« Die Psychologin kannte keine Zweifel. »Machen Sie sich keine Gedanken, sie wollte nur etwas austesten.« O.k., sie war also nicht unglücklich, davon ging auch die Psychologin aus, aber was meinte sie mit dem »etwas austesten«? So fing ich an, mir meine eigene Theorie darüber zu bilden, warum sie dieses plötzliche aggressive Verhalten zeigte.

Ein eigenes Selbst zu entwickeln als Teil einer »Herde«*, so wie ein Ungeborenes Teil des Körpers seiner Mutter ist, bedeutet einen vollständigen Wandel der Weltsicht eines kleinen Kindes. Und es ist sicherlich nicht einfach, mit einer so umfassenden und erschütternden Perspektive umgehen zu können.

Es ging nicht darum, dass ich Angst davor hatte, meine kleine Tochter würde mich hassen; es ging dabei überhaupt nicht um mich. Vielmehr hatte es mit einem bestimmten Entwicklungsprozess zu tun, in dem sich das Kind befand. Ein Entwicklungsprozess, der sich bei allen Kindern, die folgten, wiederholte, und der meine Theorie über die Achtmonatsangst bestätigte. Zu einem »Ich« geboren zu werden hat nichts mit persönlichen Beziehungen oder »Trennungsangst« zu tun, wie die Kinderpsychologen es nennen – was auf die Annahme hinausläuft, dass es Kinder keine Sekunde ohne ihre Mutter aushalten. Sogar Babys haben bereits ein Eigenleben und eine

---

* Was ich unter dem Wort »Herde« verstehe und warum ich es gebrauche, habe ich im KinderBuch ausführlich erläutert. »Herde« bedeutet so viel wie Familie, Eltern, Geschwister, die nächsten Verwandten und auch Freunde, mit einem Wort, ein »Zuhause«, einen Platz, dem man sich *zugehörig fühlt*, an dem man auf dieser Welt angekommen ist, an dem man die Herde braucht, um anfangs einfach nur *überleben* zu können.

(Entwicklungs-)Landkarte, an die sie sich halten, ob ihre Mutter nun gerade da ist oder nicht.

Als ich mich also wieder beruhigt hatte und mir einige ernsthafte Gedanken machte, indem ich fortwährend das Kind beobachtete und versuchte zu verstehen, also alles von mir aus versuchte zu erkunden, warum sie tat, was sie tat, wurde mir klar, dass mir kein Kinderpsychologe besser erklären konnte, was in einem Kind vorgeht, als das Kind es selbst konnte und auch tat.

Mit allen meinen Kindern bestand mein Anliegen immer darin, ihnen eine gute, die beste und aufmerksamste Freundin zu sein. Womit ich meine, dass ich immer versuchen müsste, das Kind in allen seinen Äußerungen zu *verstehen*. Und verstehe ich das Kind nicht, dann liegt es an mir. Ich hielt es geradezu für meine Pflicht, *alles* beim Kind zu verstehen. Egal, ob es ein kleines oder schon größeres Kind ist. Und wenn ich nicht dahinterkomme, dann ist es *mein Problem* und nicht das des Kindes.

Vielleicht ist das Wort Freundin zu emotional gefärbt, hat einen zu exklusiven Charakter. Vielleicht trifft es das Wort »Mitarbeiter« besser. Ein Kind zu verstehen – oder einen anderen Menschen –, hängt nicht nur davon ab, ob man es mag oder liebt; das ist gar nicht die Hauptsache, würde ich sagen. Vielmehr geht es darum, die Bedingungen zu verstehen, unter denen es gerade lebt. Für ein kleines Kind ist die Welt völlig neu und unbekannt und ohne Bezug zu irgendetwas. Kinder verbringen ihre ersten drei Jahre »nur« damit, zu lernen, *wohin sie gehören*. Wie können wir Erwachsenen diesen Prozess verstehen, was er bedeutet, was er mit einem Kind macht und das Kind mit ihm? Wir müssen also versuchen, ihn so genau wie möglich zu identifizieren.

Mithilfe von Vergleichen habe ich versucht, mich selbst in

die Situation des Kindes zu versetzen, das KinderBuch ist voll von ihnen. Was zum Beispiel würdest du tun, wenn du als total Fremde in ein Beduinencamp kommen würdest, wo du niemals zuvor gewesen bist, über das du nichts weißt, in dem du keinen Satz der Sprache verstehst, die dort gesprochen wird, die Gebräuche nicht kennst, die dort gepflegt werden, und die Bedingungen, unter denen sie da leben, noch nicht verstehst? Sagen wir mal, du kommst aus der urbanen westlichen Zivilisation und man würde dich zu einem Leben in der Wüste abkommandieren, ohne Rückkehr! Was würdest du tun, was würdest du brauchen, welche Fragen würdest du stellen – nur durch deine Gesten und Handlungen, denn schließlich würdest du die Sprache, die sie dort sprechen, nicht verstehen. Du würdest mit einem Mal unter vollständig anderen Bedingungen als denen, die du gewohnt gewesen bist, leben. Was würde dir da helfen, und was wäre *nicht* hilfreich, sondern eher das Gegenteil? Was würde dir nützen, dich den dortigen Bedingungen anzupassen, dir das Gefühl geben, dazuzugehören und dich wohlzufühlen, und was würde dich einsam machen, aggressiv und/oder traurig? Was würde dich zu einem vollwertigen Mitglied des Beduinenstamms machen? Emotionen allein würden jedenfalls nicht ausreichen, um dir die Werkzeuge an die Hand zu geben, um dort zu überleben.

Die Mutter als Freundin ihres Kindes: So, wie du es eben beschrieben hast – meinst du damit auch, dass zwischen Eltern und Kindern gar kein großer Unterschied, gar keine so große Differenz besteht?

Oh doch, da gibt es einen Riesenunterschied. Denn ich, also die Erwachsene, sollte sie anleiten, ihnen etwas beibringen, ganz so, wie ein Lehrer das macht. Unabhängig von Verständnis, Identifikation mit dem Kind, den eigenen Gedanken und Vorstellungen und Träumen ist unsere Hauptaufgabe als Eltern, dem Kind etwas zu zeigen, ihm etwas beizubringen und ihm zu helfen. Wie jeder weiß, der jemals zur Schule gegangen ist, basiert die Arbeit eines guten Lehrers auf Vertrauen. Es handelt sich dabei um ein Vertrauen, das gegenseitig ist: das Vertrauen des Lehrers in seinen Schüler und das des Schülers in seinen Lehrer. Wechselseitiges Vertrauen, wechselseitige Treue, Verantwortung und ein guter Wille waren für mich die Leitsterne, meine Kinder großzuziehen.

Das Wichtigste war mir, ihnen beizubringen, dass sie zueinandergehörten und dies für ihr ganzes Leben, aus einer sie verbindenden unbesiegbaren Liebe heraus. (Egal, was sonst auch passierte.) Die Macht der Liebe ist unbegrenzt. Aber oft genug denken Kinder – wie auch Erwachsene –, dass es solche Liebe umsonst gibt. Weshalb es wichtig ist, sie (und uns) immer wieder an die lebensrettende Bedeutung von Liebe zu erinnern. Wenn sie sich gestritten haben, was natürlich vorkam, habe ich es sofort unterbunden, und zwar mit Wort *und* Tat. Ich habe ihnen gesagt: »Umarmt euch doch lieber, habt euch lieb, erinnert euch immer daran, dass ihr zusammengehört und einander liebt.« Worauf sie vielleicht sagten, wenn sie echt sauer aufeinander waren: »Nein, ich will nicht, ich kann sie überhaupt nicht leiden.« »Doch«, habe ich geantwortet, »ihr sollt immer im Kopf und im Herzen behalten, dass ihr Bruder und Schwester seid, die sich lieben. Ihr seid nicht nur einer, sondern Teil einer Gemeinschaft. Das ist dein Bruder, das ist deine Schwester. Vergesst nie, dass ihr durch eure Liebe miteinander verbunden seid.« Und ich habe sie regelrecht gezwungen, sich zu umarmen und diesen körperlichen Kontakt so lange beizubehalten, bis sie sich erinnerten, dass sie zusammengehören, vereint durch das Band der Geschwisterliebe. Gute Berührungen müssen böswillige Körperkontakte ersetzen. Gewalt muss von tätiger Liebe besiegt werden. Und dann konnten sie von mir aus *mich* hassen, damit konnte ich leben. Besser ist es, wenn ihr alle eure Wut gegen mich wendet und euch dafür untereinander versteht, ohne euch zu bekämpfen!

Mein wichtigstes Ziel war also, sie immer wieder daran zu erinnern, sich zu lieben, zusammenzuhalten, loyal und hilfreich miteinander umzugehen, immer für den anderen da zu sein. Und daran haben sie sich alle gehalten, bis auf den heutigen Tag. Keiner hat den anderen verlassen, egal, wie unterschiedlich jeder von ihnen lebt. Jetzt, da sie um die fünfzig, vierzig und dreißig sind, sind sie sich immer noch so nahe, wie sie es immer gewesen sind. Diese Liebe unter Geschwistern ist ja immer da, aber man muss sie bekräftigen, sie festigen, die Kinder immer wieder an sie erinnern, sie fördern und am lebendigen Beispiel ermutigen. Und das gilt auch allgemein so: Nur die gelebte Liebe ist imstande, die Welt zu retten.

VIER

Was Kinder brauchen

5
Empathie und Liebe, Zugehörigkeit und soziale Teilhabe

Das Kind verstehen

Ich denke, dass heutzutage besonders die Empathiefähigkeit des Kindes eine wichtige Rolle spielt. Nicht nur wegen der schrecklichen Gewalttaten, die immer wieder von Jugendlichen begangen werden, sondern weil letztlich das Überleben unserer ganzen Spezies davon abhängt. Es geht ja nicht nur darum, sich in jemanden hineinversetzen zu können, sondern auch darum, Empathie für Menschen zu empfinden, die anders sind, und darüber hinaus Empathie für unsere Umwelt, für die Natur usw.

Einige haben mich gefragt, ob ich Kindern Empathie beibringen kann, und ich habe ihnen geantwortet, nein, man kann Empathie nicht mit Worten beibringen, sie lässt sich nicht sprechen, du musst sie leben, du musst sie durch deine Handlungen bezeugen. Empathie ist etwas Positives, sie ist schön und sie ist gut. Und sie ist vorhanden – sie ist *angeboren*. Manchmal muss man jemanden an sie erinnern, aber sie ist keine Eigenschaft, die man lernt, sondern eine menschliche Notwendigkeit. Wie du sagst, von ihr hängt das Überleben unserer ganzen menschlichen Spezies ab. Wie müssen kooperieren, einander helfen, füreinander sorgen und wir tun dies auch, weil der Einzelne ganz auf sich gestellt nicht überleben kann. Tag für Tag hängt unser Schicksal in jedweder Beziehung von so vielen Menschen ab. Einander zu bekämpfen würde bedeuten, sich selbst zu bekämpfen. Deswegen muss Gewalt mit der Kraft der Liebe »besiegt« werden, nicht mit Gegengewalt. Und unter »Gewalt« einem Kind gegenüber verstehe ich nicht nur körperliche Gewalt, sondern auch Ablehnung, Verachtung, Drohen, aggressives Anschreien, die Beherrschung verlieren, Angst einjagen – bei alledem handelt es sich um Gewalt und genau um das Gegenteil von Empathie.

Du kannst von einem Kind aber nicht einfach Empathie *verlangen* wie die Lösung einer Mathematikaufgabe oder das Ausüben einer bestimmten Sportart. Du musst sie selbst leben. Empathie ist etwas Positives – also verhalte dich zuerst selbst positiv. Wenn dein erstes Kind zum Beispiel ein Geschwister bekommt und du von vornherein, bevor das Baby überhaupt auf die Welt gekommen ist, davon ausgehst, dass das Erstgeborene neidisch und eifersüchtig sein wird, darunter leidet, von nun an die Aufmerksamkeit mit einem Rivalen teilen zu müssen, der in sein Leben tritt, baust du bereits negative Erwartungen auf. Und die bestätigen sich dann ganz wie von selbst, was auf positive Erwartungen umgekehrt genauso zutrifft. Wenn du davon ausgehst, dass das erstgeborene Kind den Nachkömmling als Feind betrachtet, wird es so sein. Das erstgeborene Kind wird sogar auch in *dir* einen Feind sehen, denn es färbt ja auf dich ab, wenn du es zwingst, von nun an zu berücksichtigen, dass es deine Zeit und deine Aufmerksamkeit mit dem ungewollten Nachkömmling teilen und manchmal sogar ganz zurückstehen muss. Insofern stelle ich vieles, was die moderne Kinderpsychologie heute fordert, infrage. Bei ihr sollen Kinder mit allem klarkommen, aber von Empathie ist dabei nicht die Rede, d. h., sie sollen mit negativen Erwartungen und negativen Gefühlen zueinander klarkommen, damit, dass sie miteinander kämpfen, dass sie sich gegenseitig Schlechtes wünschen, dass sie Konflikte ertragen statt zu kooperieren. Ein solches »Wissen« schafft negative Erwartungen, die Kinder ebenso wie viele von uns leicht übernehmen, weil in der Gesellschaft von uns erwartet wird, ohne Empathie und Fürsorge füreinander auszukommen und stattdessen ein kaltes Herz zu haben.

Dann geht es dabei also auch um Liebe?

Ja, natürlich. Kein Kind wird mit einem kalten Herzen geboren. Kinder tragen die Liebe in sich. Wie wir alle, weil wir mit ihr geboren werden. Liebe ist vorhanden und sie kann uns retten. Das ist leicht zu sagen und klingt vielleicht zu gefällig, zuckersüß, aber es stimmt wirklich. Die Kraft der Liebe arbeitet konstant für das Gute in der Welt – und sie beinhaltet natürlich Empathie. Nimm diese kleine, wahre und nicht ungewöhnliche Szene als Beispiel:

Ein kleiner Junge, drei Jahre alt, steht da und beobachtet seinen Papa, der sonntags morgens auf der Couch liegt und einen so riesigen Kater hat, dass sein Kopf jeden Moment zu zerspringen droht. Er ist fahl im Gesicht und vollkommen außerstande, sich auch nur hinzusetzen.

»Papa, wie geht's dir heute eigentlich?«, wundert sich das Kind besorgt.

Papa sagt, wie ihm zumute ist, obwohl er nicht die ganze Wahrheit erzählt: »Papa ist ein bisschen müde ... ein bisschen krank.« – »Ach, ja, dann musst du dich ein bisschen ausruhen«, sagt der Kleine und tätschelt ihn an der Stirn.

Und der Papa erinnert sich später an diese kleine Begebenheit, er erzählt gerne davon, freut sich immer wieder darüber und bewahrt sie sich in seinem Herzen auf.

Es war die Liebe, die vor ihm stand in Gestalt des kleinen Jungen. Es war die Liebe, die er sprechen hörte, und was sie zum Ausdruck brachte, waren Aufmerksamkeit, Mitgefühl,

Zärtlichkeit und Wohlwollen. Es war die selbstlose Liebe, die ihm liebevoll seine Stirn streichelte.

Der kleine Junge hätte sich um seine eigenen Interessen kümmern können. Papa war ja zu Hause, endlich mal. Er hatte sicherlich versprochen, dass sie an diesem Sonntag zusammen etwas unternehmen wollten. Wie sie es ja sonst immer machten!

Der Junge hätte weinen und schreien können, er hätte an seinem Papa zerren und auf ihn einkloppen können, er hätte ihn an sein Versprechen erinnern, Forderungen stellen und ihn »bestrafen« können. Leicht also hätte sich das Familienleben an diesem Sonntagmorgen in ein richtiges Schlachtfeld verwandeln können, mit Gebrüll und Geschrei, mit Klagen und Schlägen, Vorwürfen und hasserfüllten Angriffen – mit anderen Worten: Krieg wäre gewesen, wenn nicht die Liebe dazwischengetreten wäre. Wenn es die Liebe nicht gegeben hätte mit ihrer unglaublichen, stillschweigenden Macht, hätte Papa nicht glücklich lächelnd noch eine Weile auf der Couch schlafen können. Der kleine Junge hätte nicht glücklich lächelnd in aller Ruhe mit seinen Sachen weiterspielen können, und Mama, was sie auch gerade über die eine oder andere Sache gedacht haben mag, hätte nicht glücklich lächelnd feststellen können, dass im Hause der totale Friede herrscht.

Überall geschieht dieses Wunder. Das Schwache besiegt das Starke. Das Schwache war nur augenscheinlich schwach. Das Starke war nur augenscheinlich stark. Und nichts ist stärker als die Liebe. Nichts ist annähernd so stark. Die Liebe überwindet alles. Die Liebe wird überdauern, für immer und ewig.

Es ist sowohl für uns wie für unsere Kinder so einfach, sich der einfachen und guten Dinge im Leben zu bedienen und sie ganz umsonst zu haben. Wir müssen uns nur daran erinnern, was das Leben wirklich bedeutungsvoll macht. In unserer westlichen Kultur schicken wir unsere Kinder viel zu früh von uns weg. Wir erwarten von ihnen, glücklich zu sein, ohne die Bedeutung des Lebens schon erfahren zu haben. Wir verlassen sie, damit sie lernen, sich selbstständig zu entwickeln, statt sie zu begleiten, ihnen zu helfen, ihnen etwas zu zeigen und ihnen gute Beispiele an die Hand zu geben. Wir verlassen sie, damit sie entsprechend den »Gesetzen des Dschungels« leben, wo der Stärkste überlebt und der Rest hinten runterfällt, gemobbt, verletzt, traurig und allein. Dann erwarten wir von unseren Kindern, Empathie zu zeigen, aber wir selbst verhalten uns nicht entsprechend, wenn wir sie verlassen, indem wir unseren »Beschützerinstinkt« ausblenden – oder sie ganz vergessen und damit unserer elterlichen Verantwortung nicht nachkommen. Liebe und die Empathie, die sie begleitet, müssen im Hier und Jetzt vorgelebt werden, müssen gelebt werden im persönlichen Zusammensein.

Die Haupttätigkeit der Eltern von heute besteht darin, mit ihren Kindern zu reden, ihnen etwas zu erklären, sie zu ermahnen, ihnen etwas beizubringen, sie abzuweisen und immer wieder zu reden, reden, reden. Oft genug ist das Ergebnis, dass kleine Kinder ihre Ohren auf Durchzug schalten, ihre Ohren buchstäblich verschließen. Wie wir alle wissen, führt endloses Sprechen mit einem aufsässigen Teenager (also ihn zurückzuweisen, ihn zu ermahnen, warum er dies oder jenes *nicht* tun darf) gewöhnlich dazu, dass er (oder sie) wütend das Zimmer oder das Haus verlässt und die Tür hinter sich zuknallt. Kinder weigern sich, zuzuhören, weil sie sich *nicht verstanden* fühlen. Vielleicht sind sie auch gar nicht daran interessiert, dass ausgerechnet ihre Mutter oder ihr Vater sie versteht, aber ich würde einwenden, dass ein gegenseitiges Verständnis durchaus vorhanden sein kann, vorausgesetzt, dass ein solches Vertrauen in den ersten Jahren der Kindheit aufgebaut wurde. Eltern von jüngeren Kindern sollten deswegen besser lernen, zuzuhören, als selbst zu sprechen. Sollten versuchen, zu verstehen, statt sich selbst verständlich zu machen. Sollten lernen, zu beobachten, sollten selber Fragen stellen und jedem NEIN ein JA folgen lassen. »So sollten wir es NICHT machen. JA, so ist es gut. DAS ist schlecht. JA, so ist es richtig. He, du hast es ja verstanden! SUPER!«

Und vor allem sollten sich Eltern zu Herzen nehmen, dass Kinder *Zeit brauchen.* Die ersten drei Jahre legen für so vieles den Grundstein, wie wir es uns kaum vorstellen können: Kleine, fremde Wesen (um nicht zu sagen Aliens) landen auf einem ganz bestimmten Platz auf dieser Welt, von dem sie noch gar nichts wissen und an dem sie sich noch auf absolut nichts beziehen können; drei Jahre müssen sie die Umgebung erkunden, die Sprache, die Kultur, die Verhaltensregeln usw. – *Wurzeln schlagen,* wie man sagen kann. Kinder sind ständig damit beschäftigt, zu lernen, sich anzupassen, zu verstehen. Die Welt ist ein unbekanntes Chaos (und bleibt es für die meisten von uns ein Leben lang). Deswegen bedeuten unser erwachsenes endloses Reden und »Fördern« kleiner Kinder – oft genug kombiniert mit Schlafentzug und schlechten Essgewohnheiten – für die Kinder puren Stress und belasten sie, statt ihnen zu helfen. Um ehrlich zu sein: Wir sollten lernen, auch einmal unseren Mund zu halten. Selbst still sein zu können ist die Voraussetzung zum Zuhören. Wahre Kommunikation baut auf direktem Kontakt auf. Erreiche dein Kind dadurch, dass du da bist, ihm zuhörst, sogar wenn es schweigt.

Wenn du dir zum Beispiel zwei Geschwister schnappst, die sich streiten, die sich anbrüllen und sich schlecht benehmen. Wenn du ihnen nur sagst: »Hört sofort auf damit«, statt sie sich umarmen zu lassen, dafür zu sorgen, dass sie die Arme umeinanderlegen, wird nicht viel passieren, weil du ihre Gefühle nicht berührst. Du musst hartnäckig sein, dir Zeit lassen, du hältst die Zeit buchstäblich an, damit sie fühlen können, sich an die Liebe zueinander erinnern, damit sie spüren, Teil einer Gemeinschaft zu sein, der gleichen »Herde« anzugehören, wie ich es im »KinderBuch« ausführlich beschrieben habe. Nach vielleicht ein oder zwei Minuten werden sie sich entspannen und ihrem Herzen folgen:»Das ist meine Schwester, das ist mein Bruder, die oder den ich doch so liebe, warum soll ich sie oder ihn bekämpfen?« Ob das Empathie ist, weiß ich nicht, ich nenne es einfach »sich an die Liebe erinnern«. Es geht darum, die Kinder oder überhaupt die Menschen an die Liebe zu erinnern, die sie in sich tragen. Sie ist da, du kannst sie fühlen. Aber du musst dem anderen Zeit lassen.»Hört auf, euch anzuschreien, hört auf, miteinander zu streiten, dieses ewige ›Er hat aber, sie hat aber‹, hört stattdessen in euch hinein, spürt die Liebe, die ihr in euch tragt, die jeder in sich trägt.«

Es funktioniert also auch, wenn man nur ein Kind hat. Das Kind spüren zu lassen, dass es diese Liebe in sich trägt.

Ja, natürlich. Selbst ein »einsames« Kind, ein Kind ohne Geschwister, trifft ja andere Kinder. Du kannst von einem Einjährigen nicht erwarten, dass er oder sie Empathie zeigt, ganz abgesehen davon, fremde Menschen zu lieben, kleine oder große. Dass Kinder realisieren, nicht das alleinige Zentrum in der Welt zu sein, entwickelt sich erst in den »schrecklichen Zweiern«, wie man im Englischen sagt, also im Alter zwischen zweieinhalb, drei und dreieinhalb Jahren. Jetzt gelangt das Kind zu der Vorstellung, dass es andere Kinder gibt, die *auch* eine berechtigte Existenz leben, die auch ein Zuhause haben, die zu einer anderen Welt gehören, die verschieden ist von der einzigartigen eigenen Welt, zu der man selbst gehört. Erst dann lernen die Kinder das, was wir Respekt, Rücksichtnahme, ja, Empathie nennen, weil sie erst jetzt in der Lage sind, zu verstehen, dass auch andere existieren und dies auf ihre ganz spezielle Art und Weise. Und dass sie, wenn man sie (als kleines Kind) nicht mehr sieht, dennoch nicht aufhören, zu existieren. Eine erste Identifikation tritt auf den Plan. »Diese andere Person könnte ich sein.« Hierbei handelt es sich um eine große Fähigkeit, möglich geworden durch das sogenannte »Trotzalter«, das einen ganz speziellen Lebensabschnitt markiert und sich über gut ein Jahr hinzieht. Dank dieser ganz besonderen Entwicklungsphase, die alle Kinder in ihrem Leben durchmachen, ist die Welt nicht nur von egoistischen Individuen ohne jedes Gespür für den anderen, also ohne Empathie, bevölkert.

Einjährige sind hingegen nur auf sich selbst zentriert, und sie haben ganz recht damit! Hier in Schweden haben alle diese Einjährigen das gesetzlich verbriefte Recht, ihre Tage in Tagesstätten zu verbringen, wo sie in Gesellschaft mit anderen Einjährigen ihren Spaß haben sollen, was ihnen guttun würde. Das ist aber nicht der Fall. Man will die Eltern das glauben machen und auch in Deutschland wird, soweit ich weiß, das »schwedische Modell« jetzt empfohlen. Ein tragischer Fehler. *Für kleine Kinder muss die Welt klein sein, bevor sie groß werden kann.*

Hier in Schweden sollen Eltern angeblich die Wahl haben, welche Tagesstätte sie für ihr einjähriges Kind auswählen. So fangen sie schon früh an, sich einen geeigneten Platz zu suchen, oft genug sogar schon vor der Geburt. Sie sehen sich die leeren Institutionen an, lassen sich über die Einrichtung und entsprechende »Activity«-Programme unterrichten usw., und sie sprechen mit den wahrscheinlichen Erzieherinnen ihres Kindes über dessen Eigenarten. Und dann treffen sie ihre Wahl in dem Glauben, alles sei in Ordnung. Aber das ist es nicht, egal, wie hübsch die Zimmer eingerichtet sind oder wie ambitioniert das Erziehungsprogramm ist. Weil sich in diese Welt kein Kind freiwillig verirrt – kein einziges einjähriges Kind wird freiwillig sein Zuhause und seine Eltern verlassen, ihnen zum Abschied zuwinken und die Wahl treffen, seinen Tag irgendwo anders zu verbringen. Das genau wird nie klappen, ob gestern, heute oder morgen. Tagesstätten bedienen den Arbeitsmarkt, nicht die Kinder, zumindest kein Kind unter drei Jahren. Und das ist etwas, das die Eltern *wissen*, tief in ihrem Herzen. Aber sie werden indoktriniert, um das Gegenteil zu glauben.

Ich schlage immer wieder vor: »Frag einmal die Erzieherinnen, was sie machen, wenn dein Einjähriges damit anfängt, andere Kinder zu beißen, oder wenn andere Kinder dein Kind beißen.« Weil Einjährige Zähne bekommen und sie benutzen, zum einen als Werkzeug, was sie sind, und zum anderen, um sich mit ihnen zu schützen, um »Eindringlinge wegzubeißen«. Und dann stellt sich heraus, dass die Erzieherinnen gar nicht wissen, wie sie gut und passend mit solchen Situationen umgehen sollen. Sie bestrafen das Kind, das gebissen hat, und isolieren es von den anderen. Aber diese Bestrafung wird ganz sicher nicht weiterhelfen, weder dem, der beißt, noch dem, der gebissen wurde. So viel zu dieser Art von professionellem Umgehen!

Aber noch einmal: Was wir für alle Kinder brauchen, ist Zeit. Wir müssen die Tatsache respektieren, dass Kinder Zeit brauchen, um sich zusammen mit anderen Kindern auf positive und konstruktive Weise zu sozialisieren. Sie können es nicht, solange sie dafür noch nicht reif sind, dazu brauchen sie das sogenannte »Trotzalter«, also ihr drittes Lebensjahr, um sowohl geistig wie emotional zu verstehen, dass andere Kinder ebenso Menschen sind wie sie selbst, mit dem Gleichen ausgestattet wie auch sie, dass auch die anderen einer »Herde« zugehörig sind wie sie, aber einer *anderen* »Herde« – eine große und das eigene Weltbild erschütternde Erkenntnis! Bevor sie aber so weit sind, also vor diesem Alter, müssen sie ausschließlich auf der Verhaltensebene wissen, was zu tun ist, wenn etwas schiefgeht. Wenn sie einen Stuhl umwerfen, brauchen sie Beistand und Hilfe, den Stuhl wieder richtig aufzustellen. Wenn sie ein Kind umschubsen, brauchen sie ebenfalls auf der Verhaltensebene Beistand und Unterstützung, um das Geschehene wiedergutzumachen, »richtig« zu machen, wie ich sagen würde. Denn »richtig« ist das Gegenteil von »falsch«. So lernen sie, dass es »falsch« ist, ein anderes Kind (oder einen Stuhl) umzustoßen (und dies unabhängig von ihren Emotionen). Besonders wichtig ist dabei, dass sie sofort im Anschluss daran lernen, was zu tun »richtig« ist, und auch dies spielt sich nicht auf der emotionalen, sondern verhaltensmäßigen Ebene ab. Wenn du zum Beispiel jemandem wehtust, klein oder groß, machst du es wieder gut. Nicht mit Worten – »Oh, Entschuldigung« ist nur ein Wort und bewirkt nicht mehr, als reine Worte eben bewirken können –, sondern durch *eine Handlung.*

Welche Absichten kleine Kinder, die beißen, auch immer haben mögen – zum Beispiel ihre ersten Zähne für das zu benutzen, für das sie geeignet sind –, jetzt geht es darum, dass sie auf das beißen sollen, was dafür geeignet ist, zum Beispiel Äpfel, ein Stück hartes Brot, also Gegenstände, keine Menschen (oder Tiere). Und wenn du nicht schnell genug bist, zu verhindern, dass das kleine Kind dich beißt oder irgendein anderes Kind, sollte deine sofortige Reaktion sein, die »falsche« Berührung des Kindes mit einer »richtigen« Berührung zu kompensieren, das Kind also zu streicheln, es zu umarmen, zu knuddeln. Auf diese Weise lässt sich Gewalt (ob beabsichtigt oder nicht) von Liebe überwältigen, genauer durch ein Zeichen von Liebe, von Zuneigung. Liebevolle Berührungen sind das Elixier und Bindeglied zwischen Menschen – und nichts anderes sollte »das letzte Wort« haben.

Je älter das Kind wird und je reifer sich seine Emotionen entwickelt haben, desto stärker ist die Empathie. Weil sich die Empathie, wie ich es sehe, aus einem identifizierenden Verständnis heraus entwickelt. Wahres Verständnis ist immer emotional unterlegt.

Heute sind meine Kinder zwischen 32 und 49 Jahre alt und sie strahlen diese Liebe aus. Dieses Liebesband und Gefühl, einander zu gehören, erschließt sich jedem, der sie trifft. Was überhaupt nicht heißt, dass sie einander ähnlich sind. Ihre jeweiligen Persönlichkeiten sind so stark wie verschieden. Noch bedeutet es, dass sie alles, was der eine oder die andere macht, immer für richtig halten oder dass es keine Meinungsunterschiede gibt. Aber wenn man sie fragt:»Ihr seid so viele Geschwister, und ihr scheint euch wirklich zu lieben«, dann antworten sie mit Worten und Taten:»Ja, genau so ist es!« Was mich wirklich mit Stolz erfüllt. Sie sind jetzt alt genug, um zu wissen, dass solche engen Geschwisterbande, die ein Leben lang halten, ziemlich ungewöhnlich sind. Vielleicht ist es das Beste, was ich in meinem Leben geschafft habe, sie immer wieder daran zu erinnern und ihnen zu zeigen, was Liebe bedeutet: Durch Taten und nicht nur mit Worten!

Man muss die Liebe leben, man kann sie nicht nur verbal einfordern.

Nur Worte bringen da gar nichts. Natürlich musst du mit deinen Kindern sprechen – und ich habe viel mit meinen Kindern gesprochen. Aber im Kern geht es darum, ihre Gefühle zu erreichen, geht es um die konkrete Handlung. Darauf kommt es an.

Und Empathie, wie verhält sie sich zur Liebe?

Empathie ist etwas anderes. Wenn du siehst, dass jemand leidet, egal, ob ein Baby, ein Kind, ein Hund, eine Katze, dann ist Empathie das Vermögen, sich an seiner Stelle zu sehen, sich in ihn hineinzuversetzen. Darüber kann man natürlich schon sehr früh mit einem Kind sprechen, es mit verständnisvollen Worten darauf aufmerksam machen, aber Empathie oder Mitgefühl lässt sich, wie gesagt, nicht antrainieren. Du kannst beim Kind die Vorstellung anregen, wie der andere sich wohl gerade fühlt, zum Beispiel einem Neunjährigen sagen: »Was glaubst du, was gerade in ihm oder ihr vorgeht? Wie würdest du dich fühlen?«

Mit der Empathie ist es wie mit der Liebe. Auch sie muss man *leben*, sie muss sich im Handeln beweisen. Ich kann dies gar nicht genug betonen.

Es gibt Eltern, die dieses »Wie würdest du dich fühlen« auf sehr schlechte Weise praktizieren. Das Kind beißt, schlägt oder verletzt sie, und sie, die Eltern, beißen oder schlagen zurück: »Da sieh, und wie fühlt sich das für dich an?« Kleine Kinder, die jünger sind als dreieinhalb oder vier Jahre, können sich schlechterdings noch nicht in die Gefühle von jemand anderem hineinversetzen. Es ist ihnen unmöglich. Aber sie können – sozusagen auf einer »technischen Ebene« – lernen, wie man andere lebende Wesen gut behandelt. Man muss ihnen sagen und *zeigen*, wie man richtig handelt, im Gegensatz zu »falschem« Handeln. Diesen Ansatz kann man als eine kognitive Therapie bezeichnen, wenn du erlaubst. Es hat sehr wenig, oder im betreffenden Augenblick gar nichts, mit den Emotionen zu tun. So muss man kleinen Kindern dabei helfen, eine Blume anständig zu behandeln und auf gleiche Weise, wie man anständig mit allem, was lebt, umgeht, man muss ihnen den richtigen Weg zeigen, den guten Weg. Ohne emotionalen Unterton wie: »Böses Kind, das tut man nicht!« Sondern eher: »So ist es richtig, so macht man es gut!« Nicht darum, dass das Kind etwas »Böses« tut, geht es, sondern etwas *Falsches*.

Nehmen wir an, du hast ein Kind, das vielleicht sechs Jahre alt ist und kommt und sagt: »Du bist blöd. Ich will hier nicht bleiben. Ich hasse dich.« Und du weißt erst einmal gar nicht, woher das Kind das hat. Dann musst du standfest sein und ihm sagen: »Aber ich will, dass du hier bist. Ich liebe dich. Und ich akzeptiere nicht, dass du mich blöd nennst. Und weißt du, warum? Weil ich zu dir auch nicht sage, dass du blöd bist. Ich sage keine hässlichen Worte zu dir und deswegen weigere ich mich, dir zuzuhören, wenn du mir solche Sachen sagst. Erinnere dich daran.« Wenn du Glück hast, hält das Kind für einen Augenblick inne und denkt: »Was wäre, wenn meine Mutter mich nicht mag, mich für einen Dummkopf hält, mir sagen würde, ich sei unmöglich? Natürlich wird sie das nie tun. Also darf ich sie auch nicht als Dummkopf bezeichnen, denn so möchte ich auch von ihr nicht genannt werden.«

Wenn du damit nicht erste Mal Glück hast, klappt es vielleicht beim hundertsten Mal. Noch einmal: Worte brauchen immer Handlungen, die sie begleiten. Also zeige dem Kind deine Zärtlichkeit, wenn es dich hasst, gib ihm einen Kuss und umarme es (mit einem Lachen, weil Lachen Freude überträgt), wenn es dich gerade »blöd« genannt hat. So wirst du der Situation gerecht, was immer in diesem Moment auch in dir vorgeht. Ein einfacher Trick besteht darin, den Satz des Kindes »Ich hasse dich« als Frage zu verstehen. Oder als mehrere Fragen. »Hasst Mama mich? (Vielleicht habe ich früher mal etwas gemacht, auf das ich nicht besonders stolz bin ...)« Oder: »Was passiert eigentlich, wenn ich sie blöd nenne?« Oder: »Wird sie mich immer noch lieben, wenn ich mich schlecht benehme?« Dann kannst du dem Kind die richtige Antwort geben, ohne persönlich getroffen zu sein und ohne aus dem Gleichgewicht zu geraten.

Wenn nun ein Kind mit seinen Schimpfkanonaden nicht aufhört und weitermacht damit: »Du bist dies oder das«, solltest du dazu stehen, dich zu weigern, ihm weiter zuzuhören: »Entschuldige, mein Lieber, wie ich dir schon gesagt habe, will ich nicht, dass du mir dies oder das sagst. Schließlich sage ich dir auch nicht so etwas. Wenn du es aber unbedingt tun musst, dann geh in dein Zimmer und mach es für dich selbst. Komm wieder raus, wenn du damit fertig bist, und lass uns zivilisiert und anständig miteinander umgehen.« Selbst wenn du dich auf dein letztes Mittel besinnst – dich weigerst zuzuhören und das Kind rausschickst, damit es ganz allein für sich selbst »hassen« kann – erteilst du ihm eine Lektion, die für es gut ist, zu lernen:»Offenbar bist du nicht in der Lage, deine schlechten Gefühle zu beherrschen und bei dir zu behalten. Aber du kannst und musst damit aufhören, andere Menschen mit ihnen zu verletzen.«

Erst, wenn Kinder älter als neun Jahre sind, lässt sich die Fähigkeit zur Empathie dadurch fördern, dass man versucht, dem Kind verständlich zu machen:»Wenn du jemanden zum Leiden bringst, dann könntest auch du einmal das Opfer sein. Und wie sollten dann die anderen darauf reagieren? Wie sollten sie sich wohl verhalten, wenn du es bist, der leidet?« Aber eine Diskussion in einem solchen abstrakten ethischen und philosophischen Rahmen sagt jüngeren Kindern noch nichts. Diese Frucht ernten sie später. Erinnern wir uns, dass Kinder unter 10 Jahren noch keine Ironie verstehen. Wie sollen sie dann die existenziellsten Fragen der Menschheit verstehen können?

Kinder kommen nicht als Erwachsene auf die Welt. Bis zum Alter von 12 Jahren – also bis in die frühe Pubertät – sind sie ganz damit beschäftigt, soziale Regeln in tatsächlichen Zusammenhängen, sozusagen auf Faktenbasis, zu lernen statt in einem philosophischen oder psychologischen Kontext, den sie noch nicht verstehen können.

Empathie ist also etwas anderes als Liebe. Für die Liebe kannst du sterben. Mit Empathie aber hilfst du jemandem, statt ihm zu schaden, ihn zu verletzen. Empathie kannst du für jeden empfinden, für jemanden, der dir ansonsten ganz fremd ist. Einfach, indem man sich vorstellt:»Was wäre, wenn es mir passieren würde? Hier auf dem Boden zu liegen, hilflos.« Du kannst dem Kind sagen: »Oh, was sollen wir tun? Was können wir machen, damit es ihm besser geht?« Und das Kind fängt an, sich seine Gedanken zu machen. »Vielleicht können wir doch das tun oder das?« Und du antwortest: »Danke, das ist eine gute Idee, lass es uns so machen.«

Wenn wir zusammen sind, ich und das Kind, Eltern mit ihren Kindern oder Erwachsene und Kinder, dann gehen wir das Problem gemeinsam an, fragen uns gemeinsam, was man tun kann, dass es dem anderen wieder besser geht, wie wir jemandem helfen können.

Um Empathie geht es also auch, wie wir in unserer ganz besonderen menschlichen Gemeinschaft einander helfen können. Alles nimmt seinen Ausgangspunkt in der kleinen Welt. Auch Empathie. Die Grundlage aller menschlichen Beziehungen besteht darin, dass wir Dinge besser bewältigen, wenn wir zusammenhalten, einander helfen und kooperieren. Der Dalai-Lama hebt oft hervor, dass wir in allen Aspekten unseres Lebens voneinander abhängig sind. Wie viele Hände haben das Hemd hergestellt, das du heute trägst. Wie viele hilfreiche Hände haben dafür gesorgt, dass dein Hemd zu dem wurde, was es heute ist. Angefangen bei irgendeinem weit entfernten Baumwollfeld hat es so viele Prozesse und Arbeitsschritte durchlaufen, bis es dich wärmt und sich genau an deinen Körper anpasst. Eine ganze Kette von Händen, die miteinander zusammengearbeitet haben, steht hinter allem, was du besitzt, was du trägst, was du isst, hinter allem, was du machst und bist.

Wir alle trachten danach, dass unsere Kinder eines Tages allein zurechtkommen, aber in seiner tieferen Bedeutung ist dieses »auf eigenen Beinen stehen« eine Illusion. Nur unsere Abhängigkeit von anderen Menschen, ihren »hilfreichen Händen« – ob sie uns bekannt sind oder nicht – sichert unser Überleben. Und junge Kinder wissen das. Besser als irgendjemand, würde ich sagen. Babys sind allein auf sich gestellt hilflos und wissen das. Sie sind sich vom ersten Moment ihres Lebens außerhalb der Gebärmutter bewusst, natürlich instinktiv, dass sie in kürzester Zeit elendig sterben, würde man sie mit ihren noch nicht entwickelten Fähigkeiten sich selbst überlassen. Mit der Zeit – etwa drei Monate nach der Geburt – lernen sie, ihre »Herde« zu erkennen und ihr zu vertrauen, dass sie ihre Interessen wahrt und ihr Überleben absichert. Ihre eigenen »Herdeninstinkte« werden dann wach, wenn sie früher oder später irgendetwas entdecken, womit sie dabei »helfen« können. Wir alle wissen, dass Kinder – sogar die ganz kleinen – »helfen« wollen, und oft genug weigern wir uns, ihre Hilfe anzunehmen, mit Worten wie: »Lass mal, das geht schneller bei mir.« Einem neun Monate alten Kind oder einem Einjährigen zu erlauben zu helfen braucht Zeit, ganz sicher, aber hier nimmt seinen Ausgang, was wir Kooperation nennen. Und Kooperation, für alle das Beste zu wollen und es auch wirklich zu tun, ist ein vitaler und gewichtiger Grundstein für die Entwicklung von Empathie.

Unsere Kultur ist auf Individualität fixiert. Ich glaube nicht, dass die Illusion, dass wir uns selbst genügen, unsere Welt retten wird.

Auf diese Weise ist es ein Fehler von Eltern – einer, der heutzutage ziemlich häufig vorkommt –, das Ich des Kindes dadurch zu kultivieren, dass man es von allen Anstrengungen fernhält, es daran hindert, mit anderen zusammenzuarbeiten und Teil zu sein von etwas, das größer ist als das Individuelle an sich. Menschliche Werte müssen nicht unter Bergen von Spielzeug, Gegenständen, Geld und Vergnügen begraben werden. Überall in unseren westlichen Gesellschaften können wir beobachten, dass es den jungen Leuten an Respekt für das mangelt, ohne das wir doch nicht leben können: andere Mitmenschen, Essen, Umwelt. Sie sind sich ihrer Rechte bewusst, aber nicht ihrer Pflichten, ja, sie verstehen nicht einmal, was es bedeutet, anderen etwas Gutes zu tun oder überhaupt etwas anderes zu tun,

da sie sich niemals *gebraucht gefühlt* haben (außer rein gefühlsmäßig, was aber ganz offenkundig nicht ausreicht, dem Leben
eine Bedeutung zu geben). Man hat sie nie in den Dienst für
das Wohl aller gestellt, für etwas, das jenseits ihrer eigenen persönlichen Interessen liegt. Verständlich, dass eine solche Ego-
Kultur das Empathievermögen nicht besonders stärkt.

Do ut des, sagten die alten Römer: Ich gebe, dass du gibst.
Es ist eine Formel, die die *Gegenseitigkeit* betont. Alle Kinder
sind begeisterte Anhänger dieser Formel – wenn man sie nur
lässt. Zum Beispiel: Statt die Haare deines kleinen Mädchens zu
kämmen und ihr die Zähne zu bürsten und dann zum nächsten Termin zu hetzen, warte noch ein oder zwei Minuten und
lass dir deine Haare von ihr kämmen und dir deine Zähne *von
ihr* bürsten. Frag nach Hilfe: »Ohne dich bekomme ich das alles
nicht so gut hin« – und danke dem Kind, das seinen Job so wunderbar erledigt hat. Voilà – genau das ist Kooperation, Gegenseitigkeit, soziale Anteilnahme. Es ist genauso einfach, wie an
das Bedürfnis deines kleinen Kindes anzuknüpfen, *gebraucht
zu werden.* Kinder wissen – je jünger, je besser wissen sie es –,
dass nur sich selbst und seinen eigenen Kram im Kopf zu haben
dem Leben nicht viel Bedeutung gibt – wenn überhaupt.

Natürlich ist soziale Beteiligung, wie ich es nennen möchte,
auch ein Türöffner dafür. Oder zumindest für das Verständnis von Empathie. Auf sich selbst bezogene, gepamperte
»Curling«-Kinder (»Curling« wie beim Eisschießen, wenn alle
möglichen Hindernisse von vornherein weggewischt werden)
tendieren dazu, den Wert anderer Menschen nur unter dem
Gesichtspunkt zu sehen, ob sie ihren Interessen nützen. Aus
jemand anderem einen Profit zu schlagen ist das Gegenteil
von Gegenseitigkeit. »Was kann mir diese Person nützen? Wie
kann ich aus ihr Profit schlagen? Welchen Vorteil kann ich mir
vom anderen verschaffen?« »Curling«-Eltern (der Ausdruck
stammt von dem dänischen Arzt Bent Hougaard) dienen ihren

Kindern mehr oder weniger wie Sklaven, was logischerweise zu »Herren« führt, die den Rest der Welt nur für ihre eigenen persönlichen Bedürfnisse, als Diener für sich nutzen wollen und betrachten. Eine solche hierarchische Einstellung lässt sich bei Kindern in den westlichen Gesellschaften heute überall beobachten. Nicht zuletzt, wenn sie im Ausland in den Ferien sind. Blitzschnell lernen sie, Angestellten zu befehlen, und zollen ihnen keinen Respekt, keine Demut, keine Dankbarkeit, keine Wertschätzung; stattdessen achten sie nur auf ihren eigenen Vorteil. Können sie das Wort »Kooperation« überhaupt noch buchstabieren? Natürlich könnten sie es, aber nicht, bevor man ihnen beigebracht hat, solche Zusammenarbeit auch zu *leben*.

Darum ist soziale Beteiligung für Kinder so lebenswichtig. Um auf dem Weg zu wirklicher Empathie zu verstehen, dass andere Menschen für ihr tägliches Leben *notwendig* sind, nicht nur für ihre Annehmlichkeiten. Kinder jeden Alters brauchen sich gegenseitig, sie werden von anderen *gebraucht*. Sie zu sozialer Teilnahme zu ermutigen bringt ihnen etwas, weil Kinder, selbst die Kleinen, die alle, wie wir wissen, *helfen wollen,* danach streben. Sie scheinen mit dem instinktiven Wissen ausgestattet zu sein, dass man zusammen stark ist und alleine schwach – was nicht so fern liegt, weil ihr Überleben vom ersten Tag an von anderen Menschen abhängig ist, wohingegen allein zu sein – verlassen – mehr oder weniger den sofortigen Tod bedeutet. Wenn man also einem Kind sagt: »Das kann ich besser allein« – mit Worten oder indem man danach handelt, riskiert man, das Kind vom höchsten und vielleicht lebensrettenden Wert fernzuhalten: für das Wohlergehen der anderen gebraucht zu werden. Der Mensch ist ein Herdentier und jeder einzelne von uns sollte tief in seinem Herzen wissen, dass die anderen ohne mich genauso wenig auskommen würden wie ich ohne sie – ob sie mich nun lieben oder nicht. Wenn wir unsere Kinder dahingehend erziehen, dass sie wie abgeschottete kleine Inseln sind und der Rest der Welt für ihr Vergnügen und bestenfalls für ihre Sicherheit da ist, machen wir sie nicht glücklich. Um ihrem eigenen Wert vertrauen zu können, müssen sie auch Gutes für andere tun. Es ist wirklich so einfach. Und wird es immer sein. Ein einfacher Test mit einem Jungen im Teenageralter genügt. Sag ihm, weil du am Abend nicht zu Hause bist, er soll sein eigenes Essen zubereiten und dass sich bereits alles im Kühlschrank befindet, und er wird sich kein Essen zubereiten. Er wird sich ein Sandwich (oder fünf) besorgen oder eine Pizza kaufen, wenn er Geld dafür hat. »Was soll's«, wird er sich denken. Aber frage ihn, ob er ein Essen für dich macht, für die Familie, weil du seine Hilfe brauchst, weil du am späten Abend nicht mehr dazu kommst – und er wird es machen! Sicherlich wird er meckern und stöhnen, aber wenn du ihn überzeugt hast, dass sein Zutun *für dich* wirklich notwendig ist, für euch alle, wird er es tun und deine Anerkennung und Dankbarkeit werden ihm eine Menge darüber beibringen, was Kooperation bedeutet, die so wichtig für unser Leben und manchmal lebensrettend ist. Und das Beste ist, dass er spürt, dass er es schon wusste. Von ganz allein. Deswegen ist es viel befriedigender, Teenager zu bitten, das gemeinsame Wohnzimmer aufzuräumen, wohingegen du dich um sein Zimmer kümmerst, als ständig herumzunörgeln, dass er sein Bett machen soll und sein Zimmer aufräumen (»wen stört's?«). Selbst der widerspenstigste Teenager wird einer Lösung, die auf Zusammenarbeit aus ist, die auf Kooperation zielt, eher zustimmen als einer egoistischen Lösung, die nur ihm allein dient.

Du betonst immer wieder, wie wichtig es ist, die Welt durch Kinderaugen zu sehen. So nimmst du in deinen Büchern häufig die Perspektive des Kindes an, um dem Leser etwas zu erklären. Glaubst du, dass man diese Fähigkeit, also die Welt aus den Augen des Kindes wahrzunehmen, auf andere Menschen übertragen kann? Zum Beispiel dadurch, dass Eltern dein Buch lesen?

Natürlich würde ich gern glauben, dass sich durch das »KinderBuch« die Welt hin zum Besseren ändert. Und auf liebevolle Weise, wenn auch nur in kleinem Maßstab, tut es das wirklich. Über so viele Jahre haben mir viele Eltern es immer wieder bezeugt. Sie lernen aus dem Buch hauptsächlich drei Dinge: erstens, dass kleine Kinder aus demselben Stoff gemacht sind wie sie, zweitens, dass Kinder dasselbe brauchen, was auch die Erwachsenen brauchen: Freude zu haben und das Leben zu genießen, und drittens, dass man keine perfekt harmonische und glückliche Person sein muss, um Kinder zu guten Menschen zu erziehen. Dass sie auch so harmonisch und glücklich sein können, sozial kompetent, sich dankbar benehmen und sich als liebend erfahren können – nicht in romantischer, sondern ganz realistischer Hinsicht.

Damit Kinder andere verstehen – wie andere Menschen fühlen, reagieren, wie sie sich verhalten und warum – müssen wir, also ihre Eltern und Großeltern und die sie umgebenden Erwachsenen, unser Bestes tun, *sie zu verstehen*, statt in ihnen Fremde oder Aliens zu sehen. Darum habe ich versucht, die Stimme der Kinder zu sein, ihnen eine Stimme zu geben, die ihnen manchmal fehlt. Das KinderBuch verweist sehr konsequent auf den Entwicklungsweg hin zu Selbstständigkeit, zu freiem Denken, moralischem Empfinden, menschlicher Reife – und alles, was ich darüber weiß, habe ich gelernt, weil ich mit Kindern jeden Alters zusammengelebt und zusammengearbeitet und sie dabei studiert habe.

Kinder sind unsere besten Pädagogen. Neben ihrer Persönlichkeit und Einzigartigkeit lernst du von ihnen unendlich viel über dich selbst und über die Menschheit, indem du mit ihnen lebst und arbeitest, auch die Babys gehören schon mit dazu. Wir alle sind Menschen, weil wir alle Kinder waren. Es ist alles vorhanden. In uns. Als Menschen tragen wir die Kindheit in uns und im Gegensatz zu den Tieren können wir uns an sie erinnern. Wir tragen das Leben von Kindern und Jugendlichen in uns, wir haben diesen »Hintergrund«. Und dann haben wir irgendwann selbst Kinder, aber das Kind, das wir einmal waren, ist immer noch vorhanden. Wir kommen als Neugeborene auf die Welt und auch dies wird ein Teil unseres Lebens. Es ist alles vorhanden, so, wie uns auch die Sprache von Anfang an begleitet. Du kannst dem Kind, das du in dir trägst, zuhören, es ist ja immer noch anwesend. Du kannst dich erinnern. Alles ist da. So, wie du schon als kleines Kind Musik hörst, Mozart zum Beispiel. Zwanzig Jahre vergehen und du hörst nichts mehr von ihm, und dann wieder. Natürlich erinnerst du dich nicht mehr an das erste Mal, als du ihn gehört hast, als jemand dich an seiner Musik teilhaben ließ, damals, als du klein warst, aber es ist immer noch vorhanden. Und du erkennst es wieder: »Die Musik sagt mir doch etwas, es ist so, als hätte ich sie schon einmal gehört.« Genauso ist es, wenn du dich in jemand anderem wiederfindest. Du erkennst dich in ihm.

In dieser Hinsicht gibt es so etwas wie ein »kollektives Unterbewusstsein«, das uns viel mehr verbindet, als es uns trennt. Wir sind nicht nur Menschen und Individuen, wir sind Teil der Menschheit, jeder von uns. Wir hängen voneinander ab – für unser Überleben *und* für die Fortschritte unserer Spezies, was unsere gemeinsame Zukunft ebenso betrifft wie die Generationen, die uns folgen. So kann der Kampf gegeneinander nur in Zerstörung münden – und das ist ebenso eine Wahrheit, um die jedermann in der Tiefe unserer unzerstörbaren Seele *weiß*. Wir müssen uns um der Zukunft willen, die unseren Kindern gehört, mehr auf das konzentrieren, was allen Menschen gemeinsam ist, als auf das, was uns voneinander trennt. Die westliche »Kultur«, die den Individualismus und die menschliche Isolation betont, ist eine gefährliche.

Kinder machen heute auch die Erfahrung, dass sich ihre Kindheit nicht mehr in den Augen ihrer Eltern spiegelt, und umgekehrt, die Eltern nehmen ihre Kinder manchmal gar nicht mehr wahr. Ein Trend, der unaufhaltsam zuzunehmen scheint?

Ja, leider. Ich will dafür ein Beispiel geben, das den Punkt, den du ansprichst, gut illustriert.

Heutzutage haben viele Eltern diese Kinderwagen, in denen die Kleinen mit dem Blick nach vorne sitzen. Überall siehst du sie jetzt. Ich habe keine Ahnung, wer auf diese Idee gekommen ist. Und vor allem verstehe ich nicht, wie Eltern damit einverstanden sein können, auf diese Weise den Kontakt zu ihren Kleinen zu verlieren. Und dennoch kaufen alle diese Kinderwagen. Da legen die Eltern dann schon ihre ganz kleinen Kinder hinein, schließen den Wagen oft sogar noch mit einer Art Verdeck und laufen dann hinterher. Manchmal skaten oder joggen sie sogar mit diesen Kinderwagen. Und sie können das Kind da vor ihnen gar nicht sehen. Umgekehrt genauso. Keine Verbindung oder Beziehung zu dem Erwachsenen ist möglich. Und diese Abdeckungen werden immer stabiler, auf manche kannst du sogar deine Tasche oder dein Notebook legen.

Also: Du telefonierst gerade mit deinem Handy, das Notebook liegt vor dir und du fährst dein Kind zur Krippe. Was passiert da? Die Mutter oder der Vater, egal wer, kann das Kind überhaupt nicht sehen, vor allem nicht sein Gesicht. Oft, wenn ich an Leuten mit solchen Kinderwagen vorbeigekommen bin, habe ich gedacht: »Während du gerade in dein Handy sprichst oder in ein Schaufenster siehst, könnte ich mir dein Baby schnappen, mir es unter meinen Arm klemmen und du würdest es nicht einmal bemerken.« Klar ist das ein hässlicher Gedanke, und ich fühle mich wirklich schlecht, so etwas zu denken, aber ich kann mir nicht helfen.

Die Eltern sind doch dazu da, ihr Kind in die unbekannte Welt hinaus zu begleiten, und zwar auf solche Weise, dass sie dabei auf die Fragen des Kindes hören. Tausend Mal an einem Tag versucht jedes kleine Kind, diese Welt zu verstehen, indem es fragt (übrigens nicht immer nur mit Worten) und nach Bestätigungen für seine Gefühle und Gedanken sucht. Tausende von Fragen stellt es an diese Welt, immer wieder von Neuem sucht es sich ihrer zu vergewissern. Aber die Verbindung, der Kontakt, die Kommunikation mit der Welt ist ohne die »Übersetzer«, also die Eltern, unterbrochen. Oder stellt sich nicht einmal her.

Was geht hier vor, welche Erfahrung macht das Kind? Was sieht das Kind? Es existiert in diesem Augenblick keine Verbindung zu seiner Mutter oder zu seinem Vater. Dass die Leute dies akzeptieren ist für mich unerklärlich. Und das in einem Alter, in dem das Kind oft noch nicht einmal ein Jahr alt ist. Und die Eltern verbergen es förmlich vor sich.

Ich weiß, dass sogenannte »Experten« diese möglichst frühe Unterbrechung oder diese nicht mehr existierende Verbindung zwischen Eltern und Kind geradezu ermutigen, denn schließlich gehen Papa und Mama arbeiten und so wird dem Kind sein Zuhause während des ganzen Tages sowieso verschlossen bleiben. Das Kind wird anderen Sorgeberechtigten übergeben, professionellen (was noch das Beste ist) oder an Freunde oder andere Kinder. Aber noch einmal: *Die Welt muss klein sein, bevor sie groß werden kann.* Ich glaube, dass die Experten in höchstem Maße falsch liegen. Sie reden nicht im Namen der Interessen der Kinder. Sie sprechen im Namen des Arbeitsmarktes.

◆

Ein Kind braucht drei Jahre, um die lebenswichtige Verbindung zu seiner »Herde« aufzubauen, dieses vitale Bedürfnis, an einen ganz bestimmten Platz in der Welt zu gehören, dort, wo das Kind geboren wurde. Ebenso braucht es drei Jahre, bis das Kind seine Muttersprache erlernt hat. Du kannst es nicht dazu zwingen, schneller damit zu sein – sein Sprachvermögen lässt sich nicht beschleunigen und ebenso wenig, dass es doch erst nach und nach an dem Platz wirklich ankommt, zu dem es gehört. Um dieses Gefühl von Zugehörigkeit aufzubauen, bedarf es dreier Jahre Entwicklung, nicht nur, was die emotionale Bindung betrifft, sondern auch, was solche *Zugehörigkeit* fühlbar und faktisch ausmacht. Auch für dich als Erwachsener, genauso wie für mich und jeden anderen, außer eben den heutigen Kindern, zählt, dass du irgendwohin gehörst, an einen bestimmten Ort auf dieser Erde, den du »Heimat« nennst. Du lebst an irgendeinem Ort, umgibst dich mit Anhaltspunkten, die deine Zugehörigkeit zu diesem Ort anzeigen, du siehst in der Umgebung Zeichen, die dir den Weg weisen, wohin du gehörst, mit anderen Worten, du *kennst* deinen Platz auf dieser Welt. Selbst wenn du – wie ich jetzt – allein lebst, schaffst du dir selbst deine »Herde«, was per se schwierig für den Menschen ist, der *nicht* dafür gemacht ist, allein zu leben – aber du hast ein Zuhause, du hast einen Fixpunkt in deinem alltäglichen Leben, du läufst auf den Straßen nicht heimatlos herum. Kleine Kinder indes kommen mit dieser Art von *Zugehörigkeit* nicht auf die Welt. Sie ist nicht angeboren. Sie muss erworben werden und dann gefestigt, immer und immer wieder, und es dauert drei Jahre, bis die Kinder so um ihre Zugehörigkeit wissen, dass sie ihre Welt ausdehnen, ihre Herde (die Familie und das Zuhause) verlassen und ihre Umwelt allein erkunden können. Wie ich meine, ist sogar ein schlechter Kindergarten, wenn Kinder ein Alter von dreieinhalb, vier erreichen, besser als gar keiner. Weil sie es dann, sozusagen auf eigene Rechnung, schaffen, selbstständig jeden Berg zu überwinden, und selbstständig das Unbekannte in einem größeren Kontext erkunden wollen.

Aber hier in Schweden kommt ein Kind schon mit einem Jahr in die Krippe. Dort wird es zu vielen anderen Kindern gesetzt, die ihm fremd sind, und zwischen ihm unbekannte Erwachsene. Und natürlich passiert in einer solchen großen Gruppe von Kindern ständig etwas, also in einer Kindergruppe von, sagen wir mal, zwanzig etwa Ein- bis Zweijährigen und drei Erzieherinnen. Ein Kind tut sich weh, ein anderes weint, eine Erzieherin verliert die Geduld usw. usw. Ein Riesengetöse. Und dieser Kleine, der da gerade angekommen ist, der sucht natürlich nach Sicherheit. Das Kind, wenn es auf einen kleinen Treppenabsatz krabbelt, sucht nach Bestätigung, d. h., es sucht nach Kommunikation mit jemandem. Jemandem, der ihm sagt: »Es ist o.k., es ist gut, es ist alles richtig, nichts ist falsch, es ist auch nicht gefährlich, es ist prima, was du machst. Ich bin bei dir, ich beschütze dich, du kannst ruhig weitermachen.« Aber niemand, der zum Kind gehört, niemand aus seiner »Herde« ist da.

Ein Einjähriger, der in die Kinderkrippe kommt, dürfte am Tag, wenn er zusammen mit zwanzig anderen Kindern in einer Gruppe ist, Hunderte, wenn nicht Tausende Male diese Verbindung zu jemandem suchen, buchstäblich nach Kommunikation Ausschau halten. Aber in den meisten Fällen findet er nur Leere. Da ist niemand für ihn da, da ist kein Spiegel, niemand, in dem er sich wiederfinden kann, da ist eben keiner, der sagen könnte: »Fein. Du bist nicht allein, ich verstehe dich.« Verwirrung, Angst, Einsamkeits- und Verlassenheitsgefühle müssen dem Kind genommen werden, und dies tausend Mal am Tag! Das bedeutet hundertfache Frustration an einem Tag, Tausende Fragezeichen, die das Kind aussendet, Leere, die es als Antwort erhält. Für das Kind ein Desaster. Stell dir zwei Erwachsene vor, so wie dich und mich hier in diesem Raum. Wenn du mich überhaupt nicht ansehen würdest, in dein Handy sprichst, aus dem Fenster siehst, dann würde ich sagen: »He, hörst du mir eigentlich zu? Sollen wir nicht besser aufhören, miteinander zu reden? Was geht hier eigentlich ab?« Und du würdest sagen: »Aber ich bin doch da, ich habe leider nur etwas anderes zu erledigen.« Ich als Erwachsene könnte natürlich später jemandem sagen: »Also der Typ da, der war wirklich völlig unmöglich, Kommunikation gleich null.« Aber für die ganz Kleinen bedeutet diese Form von Nichtkommunikation Deprivation. Leere.

Was Konsequenzen haben muss.

Natürlich. Sie werden älter und rufen dann ständig:»Sieh doch, was ich gerade mache, hör mir doch zu, guck mal, guck mal. Hallo, hier bin ich.« Und wenn es ganz schlimm kommt, unternehmen sie einen Amoklauf oder töten Eltern und Schwestern, wie es gerade hier in Schweden passiert ist, nur um zu zeigen:»Sieh doch, was ich gerade mache, hör mir mal zu, hallo, hier bin ich.«

Diese Kommunikationslosigkeit setzt sich übrigens immer weiter fort. Ich habe nie verstanden, wie man ein Kind in so ein Plastikgehäuse verpackt und mit dem Rad hinter sich herzieht. Früher hattest du es vorne auf dem Fahrrad, da konntest du mit ihm sprechen und das Kind sah das, was du auch gesehen hast, es durfte mal klingeln, das Licht anknipsen usw. Dann kamen, wahrscheinlich wegen irgendwelcher Sicherheitsvorschriften, diese Kindersitze auf dem Rücksitz, und du wusstest nie, was dein Kind hinter dir gerade macht, wie es ihm gerade geht. Aber immerhin, es gab noch diesen Körperkontakt und Sprechen ging ja auch noch. Und jetzt diese Wagen. Wenn das Kind Glück hat, hat es wenigstens ein Geschwister, das neben ihm sitzt. Auch dieses ist doch symptomatisch für unsere Zeit: Die Erwachsenen leben ihr Leben dort, und die Kinder ihres dort. Ende der Kommunikation.

Wahrscheinlich findet deswegen die sogenannte »Bindungstheorie« zurzeit so viel Beachtung, denn sie betont ja stark die Notwendigkeit der frühkindlichen Kommunikation zwischen Eltern und Kind, zwischen der»Herde«, zu welcher das Kind gehört, und dem Kind. Worauf es mir ankommt ist, dass die

»Herde« – die Familie, die Einheit, die besondere Gemeinschaft, in die das Kind hineingeboren wurde – *alle,* also auch
die noch kleinen Kinder in ihrem Kampf ums Überleben umfasst. Genau das macht das richtige Leben aus, wenn ich so
sagen darf. Diese Lebensbedingungen sollten von allen geteilt
werden. Die Bindungstheorie und die Praxis, auf die sie sich
bezieht, sollten nicht nur dem emotionalen Geschehen Tribut
zollen. Kinder sind Neuankömmlinge auf dieser Welt – die erst
einmal klein sein muss, bevor sie groß werden kann – und sie
brauchen nicht nur emotionale Nähe, sondern auch faktische
und praktische Nähe, eine, die für sie stets erreichbar ist. Auf
den Punkt gebracht: *Du musst da sein!* Und nicht als Besucher
in deiner knapp bemessenen Zeit, sondern im alltäglichen
Geschehen, auch bei dem, was für das Kind zählt. *Bindung*
beinhaltet also beides: das Emotionale wie das das Physische.
Eine Gesellschaft, die die Generationen trennt, sodass Kinder,
Eltern und die alten Leute nicht länger ihr tägliches Leben teilen, ist und bleibt für mich eine schwache Gesellschaft, eine
verwundbare Gesellschaft. *Wir alle haben das Bedürfnis, gebraucht zu werden, um eine Existenz zu leben, die Bedeutung
und Wert hat.*

Ich weiß, dass es sich hierbei um einen »kontroversen«
Standpunkt handelt, der per se etwas absurd klingt. Aber wir
sollten uns daran erinnern, dass es ein historisch neues Phä-
nomen darstellt, wenn wir unsere Kinder (und die »alten«
Mitglieder der Herde) von unserem eigenen Existenzkampf
trennen – also von unserer täglichen Arbeit (was, wie ich hof-
fe, nur eine Fußnote in unserer Geschichte bleibt). Jahrhun-
dertelang waren Kinder und die alten Leute im alltäglichen
Leben zusammen. Die Welt war, obwohl klein, für alle Mitglieder der »Herde« die gleiche. Die Erwachsenen waren für
die Kinder Tag und Nacht erreichbar, und zwar nicht nur bzw.
nicht hauptsächlich, um mit ihnen zu schmusen und zu spielen oder sie zu unterhalten, sondern um sie entlang den vier

Prinzipien, auf die ich so viel Wert lege, großzuziehen: *Beglei-*
ten, Lehren, Zeigen und Helfen.

Das industriell geprägte Zeitalter repräsentierte das alte
patriarchalische Denken: Der Vater – das Familienoberhaupt –
verließ das Zuhause, um »draußen«, also »außerhalb«, zu arbeiten, um seine Familie zu versorgen, wohingegen die Mutter
zu Hause blieb, um Kinder zu gebären und für sie (und die
Alten) zu sorgen. Als die Frauen als industrielle Reservear-
mee den Weltmarkt betraten, unterwarfen sie sich demselben
patriarchalischen Dogma: Sie ließen ihr Zuhause hinter sich
und damit ihre kleinen Kinder und alle übrigen Mitglieder der
»Herde«, die das Haus auch verlassen mussten. Auf diese Weise
entstand eine neue »Industrie«, besser gesagt gleich zwei: die
Pflege der Kinder (anderer Leute) und die Pflege der Alten. Professionelle Beziehungen ersetzten die persönlichen Beziehungen, und auf diese Weise wurden die Kinder und alten Leute zu
Objekten, statt Subjekt zu bleiben. Generationen wurden getrennt und das Alltagsleben – jetzt Arbeitsleben – wurde nicht
länger gemeinsam geteilt. Wir können die Konsequenzen noch
gar nicht abschätzen und auch noch nicht sehen, welche sich
daraus ergeben, dass die persönliche Verantwortung durch professionelle Verantwortung ersetzt wurde, die immer in einem
strengen Zeitraster stattfindet und notwendig auf ein letztlich
unpersönliches Engagement beschränkt bleibt. So kann zum
Beispiel ein Arzt seine Nächte nicht schlaflos verbringen, weil
er sich um seine Patienten Sorgen macht. Er muss sie »vergessen«, wenn er nach Hause kommt. Auf gleiche Weise sind
auch Erzieherinnen nicht persönlich für »ihre Kinder« da; das
würde ihr Bedürfnis nach Ruhe und Erholung in ihrem Privatleben verunmöglichen und folglich ihr Arbeitsvermögen während des Tages beeinträchtigen. Es gehört zu den schlimmen
Illusionen, dass diejenigen, die von Berufs wegen für die Kinder da sind, oder auch ganz Fremde neben mir den halben oder
sogar den ganzen Tag für mein Kind sorgen können.

Dass eine Mutter zu Hause bleibt, ist hier nicht der springende Punkt, auch nicht in politischer Hinsicht. Entscheidend ist, dass das Zuhause zugänglich ist, offen für das Leben und die Arbeit. Für die, die noch nicht in der Lage sind, das Haus selbstständig zu verlassen (die Kinder), oder es nicht mehr allein verlassen können (die Alten), muss die Tür zu ihrem Zuhause wieder geöffnet werden. Ich glaube nicht, dass der »Patriarch« mitbekam, welche Folgen das Verschließen der Wohnungstür für die nicht produktiven Mitglieder der Familie hatte, als er die Frauen aufforderte, sich dem Arbeitsmarkt zu unterwerfen. Weil er kein Kind mehr ist und weil er vielleicht denkt, er habe auf sich selbst aufgepasst, als er klein war? Jetzt ist er alt geworden, müde, krank, bedürftig und allein, und erst jetzt vermisst er seine Familie, die er schon lange verloren hat, schwelgt in Erinnerungen an seine Mutter, die die Einzige war, die ihn wirklich geliebt habe, weil sie immer für ihn *da war.* Du kannst die vitale Bedeutung eines stets erreichbaren Zuhauses, in dem gelebt und gearbeitet wird, mit einem Basislager für Bergsteiger vergleichen. Wenn ich einen Berg im Himalaja besteigen will, ist das Erste, was ich mit größter Sorgfalt planen muss, ein solches Basislager, von dem aus ich meine Expedition starte und zu dem ich wieder zurückkehre. Das Lager muss vorhanden sein, wenn ich es *brauche,* aus vielen Gründen, vor allem aber, weil es mir mein Leben retten kann. Was, wenn es verschlossen und verriegelt ist, wenn ich es für meine physische Rettung brauche? Wir sprechen hier nicht über Gefühle, sondern über die faktische Bedeutung eines erreichbaren, gut ausgestatteten und »arbeitenden« Camps, in dem mein Leben Tag für Tag gerettet werden kann und Nacht für Nacht ebenso.

Mit etwas mehr Vorstellungskraft kann man sich genauso vorstellen, dass ein Kind ebenso wie ein Tierjunges auch eine solche »mentale Rettungsvorstellung« braucht, um zu überleben. »Sich zu Hause fühlen« ist ein guter Begriff dafür. An die

Tatsache, dass das Basislager niemals geschlossen sein wird, knüpft sich für Klein und Groß der Gedanke, den Berg erfolgreich besteigen zu können.

Aber heute werden Kinder vor eine Tür gestellt, die buchstäblich und im übertragenen Sinne *geschlossen ist*. Der »Patriarch« (ob Mann oder Frau) trägt den Schlüssel in seiner Tasche und trägt ihn überall mit sich herum. Sein Schlüssel steht für die Zugänglichkeit seines Zuhauses – des Basislagers. Was passiert, wenn ich ihm den Schlüssel wegnehme und sage: »Du brauchst diesen Schlüssel nicht. Du kommst sowieso erst spät am Abend zurück, warum sollst du ihn ganzen Tag mit dir rumschleppen? Gib ihn mir! Ich gebe ihn dir heute Abend zurück.« Würde er einverstanden sein und den Schlüssel rausrücken? Das würde er ganz sicherlich nicht tun. Warum nicht? Er würde einfach nicht akzeptieren, dass ihm sein Zuhause – sein Basislager – verschlossen bleibt für den Fall, dass er dorthin zurückkehren wollte oder müsste, egal, wann, und egal, aus welchen Gründen. Er gehört dahin. Er ist kein Alien, der einsam in den Straßen herumläuft. Sein Zuhause – vierundzwanzig Stunden am Tag erreichbar – befindet sich in seiner Tasche, symbolisiert durch den Schlüssel. Er würde nicht für einen Tag akzeptieren, was unseren Kindern Tag für Tag aufgezwungen wird: ein Zuhause, ein lebensrettendes Basislager nicht erreichen zu können.

Was ist deiner Meinung nach das Allerwichtigste bei der Fürsorge oder Erziehung eines Kindes?

Das ist eine schwierige Frage und es gibt keine einfache Antwort auf sie, keine schnellen Rezepte. Das KinderBuch hat mehrere Hundert Seiten, wie du weißt.

Die einfachste Antwort auf deine Frage, hier und jetzt, wäre: *es zu begleiten, aber nicht zu steuern.*

Das Bild eines ein Jahr alten kleinen Jungen, der gerade dabei ist, auf seinen wackligen Beinchen zu laufen, und sein aufgeregter Vater, der in einigem Abstand vor ihm kniet und seine Arme ausbreitet und der bereit ist, diesen kleinen, das erste Mal laufenden Sohn zu empfangen, verdeutlicht vielleicht, was ich meine. Der Vater versorgt das Kind mit den Voraussetzungen, um Laufen zu lernen: ein flacher Fußboden (von mir aus auch ein flaches Brett), barfuß (oder kleine, gute Schuhe) und, was nicht das Unwichtigste ist: eine positive Haltung. Der Vater erwartet, dass sein Sohn jeden Tag das Laufen lernen wird – denn er weiß (vielleicht instinktiv), dass sein kleiner Junge darauf »programmiert« ist, bald aufrecht auf beiden Beinen zu laufen, denn er gehört zur menschlichen Spezies. Er wird an dem Tag laufen, wenn er dazu bereit ist. So wie es der Psychologe A. H. Maslow sagt: Was ein Mensch sein kann, muss er sein. Dieser Vater bringt seinem Sohn das Laufen nicht bei. Das ist auch gar nicht notwendig und wäre darüber hinaus völlig vergeblich. Er hält seinen Sohn aber auch nicht vom Laufen ab, was auch nicht funktionieren würde. Auf lange Sicht kannst du nicht aufhalten, was sowieso eintreten wird. Also *begleitet* der Vater seinen Sohn und bietet ihm darüber hinaus eine ermutigende Umgebung an: »Komm her, wenn du bereit bist, hier kannst du gut laufen!« D. h., er steuert sein Verhalten, jetzt zu laufen, nicht mit Worten wie: »So musst du laufen. Mach es so, gehe hierhin, nicht dahin, ja, genau hierhin.« Und er kritisiert nicht: »Du läufst aber schlecht!« Im Gegenteil, er ist stolz, er ermutigt und bestätigt. »Hey, du kannst es. Du hast es geschafft. Noch fünf Schritte, hurra!« Dieses klassische, überall anzutreffende Verhalten von Eltern vis à vis ihren jungen Laufwundern ist eine wunderbare und *richtige* positive Haltung, wie ich sie mir gegenüber Kindern *in jedem Alter* wünsche, während ihrer ganzen Kindheit und Jugend.

Noch einmal: Was ist das Allerwichtigste bei der Fürsorge oder Erziehung eines Kindes? Du musst versuchen, das Kind *zu verstehen*. In jedem Fall, in jeder Situation versuchen, das Kind zu verstehen. Was nicht immer mit den eigenen bzw. den gesellschaftlichen Interessen oder der gerade herrschenden »Erziehungsideologie« übereinstimmen wird. Denn um in der Lage zu sein, das Kind zu verstehen, musst du dich an das Kind in dir selbst erinnern, an dich in der Existenz des Kindes, das du gewesen bist.

Heutzutage herrscht ein seltsames Denken vor, nämlich dass Kinder anders wären als Erwachsene – es gibt so ein »Wir hier – die da«-Schema, das ich nicht mag. Vor Jahrhunderten wurden Kinder als kleine Erwachsene betrachtet. Später, spätestens im letzten Jahrhundert, wurden sie nach und nach – und völlig zu Recht – als Kinder gesehen, die das Recht auf eine sorglose Kindheit haben, das Recht auf Bildung und auf eine anständige und respektvolle Behandlung. Als aber das Alltagsleben in unterschiedliche Welten geteilt wurde – was geschieht, wenn Eltern (und ihre Eltern) und Kinder nicht mehr zusammen leben und arbeiten –, wurden Kinder plötzlich Fremde oder Aliens, so als würden sie von einem anderen Planeten stammen als der Rest von uns, die wir folgsam und ungefragt irgendwo anders arbeiten, wo sie nicht bei uns sein können, nicht einmal als Babys. Wer erzieht mein Kind, wo passiert es und unter wessen Verantwortung? Was weiß ich davon? Nicht viel, schließlich bin ich nicht dabei. »Es braucht ein Dorf, um ein Kind zu erziehen« ist eine alte afrikanische Weisheit – aber das arbeitende, funktionierende, produktive westliche »Dorf« schließt Kinder und Alte aus, und so werden sie zu Fremden, manchmal sogar Patienten, d. h. behandelt wie Kranke.

Um Kinder (wie Alte) verstehen zu können, muss man mit ihnen arbeiten und leben, im selben »Dorf« und unter gemeinsamen Lebensbedingungen. Darum geht es. Denn nur, wenn wir mit unseren Kindern zusammen leben und zusammen arbeiten – nota bene: ich sage nicht, ihnen ständig Vergnügen zu bereiten –, können wir uns erinnern, das wirkliche Kind in uns spüren, dieses Kind, für das die Welt einst völlig neu und unverständlich war, diese Welt, die du jeden Tag mit neuen Augen gesehen hast und in der du einen freundlichen, ermutigenden und verstehenden Begleiter und Freund, einen oder mehrere, gebraucht hast, der persönlich für dich gesorgt hat. Und solcherart Freunde versuchen wirklich, dich zu verstehen, aus Liebe heraus und Neugierde, Begeisterung und gutem Willen. Nicht nur Eltern, sondern auch Lehrer wissen darum. Sie wissen von der Notwendigkeit, die Kinder zu verstehen, sie zumindest zu verstehen zu versuchen, um jeden Preis, auch die nicht so angepassten. Sie arbeiten mit Ernst daran, dem Kind ein wirklich guter Freund zu sein.

Natürlich ist die persönliche Beziehung die Voraussetzung für eine solche Freundschaft auf hohem Niveau. Und man kann dem Kind auch nah sein – sein bester Freund –, ohne Teil seiner ganz spezifischen »Herde« zu sein. Gute Lehrer und auch gute Ärzte wissen das. Aber gibt es noch gute Lehrer? Gibt es noch gute Ärzte? JA, es gibt sie. Aber je mehr Babys und Kinder als Fremde und Aliens gesehen werden, als Teil einer fremden Welt, über die »wir« nichts wissen, desto mehr werden sie uns ängstigen. Weil das, was Menschen *nicht* verstehen, sie immer ängstigt, mehr oder weniger. So verteidigen wir uns, indem wir die Fehler beim »Feind« suchen, statt Kinder zu verstehen, um jeden Preis. Woraus folgt, dass wir uns stumm stellen und so tun, als wären wir blind, statt unsere westliche Gesellschaft infrage zu stellen, die schon früh die Babys, Kinder und Heranwachsenden (und Alten) aus dem »Dorf«, das lebt und arbeitet, hinauswirft. Und wir drehen den Spieß um: Wir stellen die Kinder infrage, suchen die Fehler in ihnen und stimmen dem Urteil zu, sie seien »dysfunktional«, also mehr oder weniger defekt oder gefährliche Patienten, die beruhigt werden müssen, mit Sedativa oder Medikamenten, die sie ruhig stellen.

Ziel jeder Erziehung sollte sein, dass Eltern ihr Kind in bester Weise auf ein Leben ohne Eltern vorbereiten, d. h. es selbstständig werden lassen. Dieses Ziel aber verlangt ein Leben, das man von Beginn an mit den Kindern teilt.

Kein Ziel lässt sich ohne vorheriges Training und Lernen erreichen. Was durch einen simplen Vergleich mit den kleinen Mäusen, den Löwenbabys, allen Tieren, die in eine »Herde«, eine kleine oder große Familie, hineingeboren werden, bestätigt wird. Indem sie deren Kampf ums Überleben, um die pure Existenz teilen, bringen die erwachsenen Mitglieder der »Herde« den Kleinen bei, wie sie Futter finden, wie sie sich ein »Zuhause« schaffen können, das sie schützt, worauf man achten muss und was man vermeidet, wie man kämpft und alle Arten von Gefahr erkennt. Also wie man überlebt. Und an dem Tag, an dem die Kleinen die Kunst, wie man überlebt, beherrschen, stehen sie dann auf eigenen Beinen. Dann gründen sie ihre eigene »Herde« und erziehen ihre Nachkommen zur Selbstständigkeit.

Aber für uns Menschen haben wir eine neue Art von Kindheit geschaffen, gehen einen historisch neuen Weg, unsere Nachkommen zu erziehen. Wir verfrachten unsere Kleinen, metaphorisch ausgedrückt, in ein Ställchen im Wald, werfen Spielzeug hinein und überlassen sie dann dort sich selbst mit ihren »Freunden«, also anderen Kindern desselben Alters, während wir selbst, als produktive Erwachsene, unseren Existenzkampf ohne sie bestreiten. »Hab eine gute Zeit«, sagen wir ihnen, winken ihnen Auf Wiedersehen zu, »und seid nett zueinander und bringt euch nicht um, o.k.? Bis heute Abend, wenn wir unseren Existenzkampf für heute hinter uns haben!« Und dann sehen wir Fehler und Schwächen bei ihnen, weil sie nicht

glücklich sind, wenn wir sie von sozialer Beteiligung ausschließen – vom WIRKLICHEN Leben –, und weil sie aus unserer
Sichtweite verschwunden sind. Was läuft hier schief? Warum
sind sie denn nicht dankbar und glücklich? Einfach nichts zu
tun, von niemandem gebraucht zu werden, außer vielleicht zur
Stillung von emotionalen Bedürfnissen, auf einem Freizeittrip
mit ihrer in gleicher Weise abwesenden »Herde«? Also versuchen die professionellen Erzieher mit allen Mitteln, die Fehler
bei den Kindern und Heranwachsenden zu suchen, die sich
diesem absurden sozialen System (besser »antisozialen« System) nicht freiwillig und schweigsam unterwerfen, statt nach
auf der Hand liegenden Fehlern in unserer westlich-kapitalisti-
schen Gesellschaft zu suchen. Die pharmazeutische Industrie,
eng verknüpft mit der Psychiatrie, macht immer mehr Geld, indem Kinder auf diese oder jene Weise für »defekt« erklärt werden, nicht krank, sondern defekt, »dysfunktional« – um ihnen
Medikamente zu verschreiben, Amphetamine. Was natürlich
zu einer doppelten Tragödie führt. Zum einen werden diese
»dysfunktionalen« Kinder ihre Diagnose ein Leben lang mit
sich herumtragen und sich an sie anpassen wie alle anderen
auch. Heute hat Schweden Abertausende junger Menschen, die
unfähig sind, zu arbeiten, und keine Beschäftigungszukunft
haben. Und auf der anderen Seite sorgt der weitverbreitete Ge-
brauch von sogenannten Medikamenten, die auf Amphetami-
nen basieren (Ritalin usw.) für eine lebenslange Abhängigkeit
von solchen Narkotika, was nicht geleugnet werden kann.

6
Was es bedeutet, für das Kind »da zu sein« – Pubertät

Pubertät ist zurzeit ein großes Thema bei uns in Deutschland. Was war deine Erfahrung mit deinen Kindern, als sie in diesem Alter waren? Wie soll man sich als Eltern verhalten?

Das Erste und Beste ist: *Da zu sein!* Ich weiß, dass dies einfacher gesagt als getan ist. Aber wir sollten uns ein letztes Mal daran erinnern, dass Kinder zuallererst Erwachsene um sich brauchen, die persönlich für sie engagiert sind. Wir können sie nicht verlassen, damit sie von anderen Kindern »aufgezogen« werden, und erwarten, dass sie wachsen und reifen ohne erwachsene Begleiter, die ihnen helfen, sie anleiten und ihnen etwas beibringen, Erwachsene, die *persönlich* für sie da sind. »Da zu sein« bedeutet buchstäblich, *anwesend* zu sein. Du kannst Kinder nicht in deiner Abwesenheit erziehen und du kannst nicht erwarten, dass sie sich selbst erziehen. So einfach ist das – und so schwierig. Für das Kind *da* zu sein bedeutet, erreichbar zu sein, wenn dein Kind dich braucht. Die meisten Eltern sind irgendwie immer erreichbar – wenn schon nicht physisch, dann wenigstens telefonisch. Aber *mit* dem Kind zu sein meint etwas grundsätzlich anderes und darüber hinaus, dass auch du es dir erlaubst, das Kind zu brauchen, um es am sozialen Leben zu beteiligen. Um zu ko-operieren. Mit ihm den täglichen Kampf fürs Überleben zu teilen – was für Kinder *jeden Alters* von enormer Bedeutung ist. *»Die anderen kämen ohne mich nicht so gut hin«* ist ein Satz, den jeder Mensch, ob klein oder groß, zu sich selbst sagen können muss und was er darüber hinaus auch wissen muss, wirklich wissen, jeden Tag in seinem Leben.

Wenn du also mit dem Kind bist, dann lässt sich auch die wichtigste Regel anwenden, die im Umgang mit Kindern in der Pubertät gilt, nämlich das Kind zu *verstehen*, es zumindest zu versuchen. Im alltäglichen Umgang bedeutet die konkrete Umsetzung dieser Regel, zu fragen, zuzuhören und zu lernen – was wichtiger ist, als ständig zu diskutieren, zu bewerten und zu urteilen. Ein solches Verstehen erfordert Zeit und Anstrengung, aber es lohnt sich. Sich bemühen, zu fragen, statt zu diskutieren, erfordert ebenso viel Zeit und Geduld und ist dennoch so wichtig. Und du wirst dafür belohnt. Wenn ein Teenager – egal, wie durcheinander, kompliziert, »krankhaft«, provozierend oder »schwierig« sie oder er sich auch verhält (und ist!) – die Erfahrung macht, dass du, der Erwachsene wirklich daran interessiert bist, seine Art, zu denken und zu fühlen, zu verstehen, und dass es dir dabei nicht darum geht, sein Verhalten zu bewerten, wird er erstaunlich offen zu dir sein, dir vertrauen wie einem guten Freund, der es gut mit ihm meint. Das ist genau das, was Kinder jeden Alters brauchen.

Neben allem anderen bedeutet dies Loyalität. Immer loyal mit deinen Kindern umzugehen bedeutet meiner Meinung nach, nicht nach ihren Fehlern zu suchen. Wenn Probleme auftauchten – und das tun sie natürlich, ich hatte Massen von Teenagern bei mir zu Hause –, habe ich versucht, mich mit ihnen zu beschäftigen, versucht, mit dem betreffenden Kind zu kooperieren, statt die Probleme sogenannten »Fachleuten« zu überlassen, ich habe die Integrität des Kindes im Auge gehabt und auf diese Weise sein Vertrauen gewonnen.

Zum Beispiel rief mich einmal der Direktor der Schule meiner Tochter an, dass meine Tochter womöglich Haschisch rauchen würde (was viele Teens damals taten), da sie so »anders« wirke. Ich fragte ihn, ob sie in der Schule denn gut mitarbeiten und ihre Hausaufgaben gut erledigen würde. Die Antwort war Ja, alles in Ordnung. Aber sie scheine ihm so »anders«. (Zurückblickend hätte ich ihm sagen können, dass 14-Jährige immer »anders« wirken, ganz einfach, weil sie sich ständig verändern!) Dann habe ich selbst mit dem Kind gesprochen. Natürlich wollte ich die Wahrheit erfahren. (Im Übrigen habe ich meine Kinder nie für besser als andere gehalten, schließlich bin ich kein Fantast!) Auf der Basis gegenseitigen Vertrauens hatte ich ein ernsthaftes und persönliches Gespräch mit meiner Tochter und versuchte vorsichtig, herauszubekommen, ob der Direktor irgendeinen Grund für seinen Verdacht hatte. Meine Tochter bestritt vehement, Haschisch zu rauchen. Sie fühlte sich von ihren Lehrern überhaupt nicht verstanden, die ihr alle offensichtlich misstrauten bis hin zum Schuldirektor selbst. Die Unterhaltung mit ihr nahm Zeit in Anspruch. Dabei ging es weder um ein Verhör noch um einen »Prozess«. Ich wollte sie verstehen.

Eine Woche später rief mich die Schule an, das Kind sei im Krankenhaus und habe Schwierigkeiten mit dem Atmen bekommen. Sie war auf einer Schulbank ohnmächtig zusammengesunken, um nach Luft zu schnappen. Bevor ich ins Krankenhaus kam, um sie von dort abzuholen, sagte sie mir, dass sie schon wieder zurück in der Schule sei und alles wieder o.k. sei. Eine Woche später passierte dasselbe noch einmal: Wieder bekam sie keine Luft mehr. Ich rannte in die Schule und bat um ein Treffen mit allen, die mit meiner Tochter zu tun hatten. (Außer meine Tochter selbst.) Ich sagte ihnen, dass ich meine Tochter noch am gleichen Tag von der Schule nehmen und sie auf eine andere Schule schicken würde. »Offensichtlich kann sie diese Luft hier nicht atmen, die getränkt ist von irgendwelchen Verdachtsmomenten gegen sie.« Ich erinnere mich, dass die Schulpsychologin versucht hat, mich davon zu überzeugen, dass ein Schulwechsel nicht helfen würde: »Die Probleme werden das Kind weiter verfolgen.« Aber sie lag vollkommen falsch. Das Kind wechselte die Schule (und ihre Schwester mit ihr, aus Loyalität) und an der anderen Schule konnte sie wieder ganz normal atmen. Das Kind konnte es einfach nicht ertragen, dass über sie schlecht gedacht wurde. Ja, sie war wirklich »anders«, verwandelt, so, wie sich eben alle Kinder unablässig im Alter von vierzehn verändern.

Wir wissen, dass die Pubertät der bedeutendste Abschnitt in der Entwicklung jedes Kindes ist, um endgültig erwachsen zu werden. Es ist ein ganz eigener Prozess, der da abläuft, anstrengend, manchmal schwierig. Im KinderBuch habe ich viel darüber geschrieben, wie du weißt. Die Eltern sollten während dieser Zeit, wenn ich das so ausdrücken darf, *da sein*, einfach nur da sein, und auf der Seite des Kindes stehen. Und dieses »da sein« soll dem Kind sagen: Ich unterstütze dich, ich helfe dir, ich glaube an dich. Hier ist jemand, an dem du dich reiben kannst.

Im KinderBuch habe ich die Situation beschrieben, in der ein Vater zu mir kam und mich fragte, ob ich eine 14-jährige Tochter hätte. Ich hatte, es war Maja. Dann fragte er weiter, um welche Uhrzeit sie nachts nach Hause kommen müsse. Und ich antwortete ihm, dass sie nachts überhaupt nichts auf der Straße verloren habe, vielleicht abgesehen von einem ganz besonderen Anlass am Wochenende. Und dann muss sie um 23 Uhr zu Hause sein, vorausgesetzt, sie ist nicht allein unterwegs und dass ihr Bruder oder ein guter Freund sie abholt. »23 Uhr?«, fragte er ganz erstaunt. »Ja natürlich«, antwortete ich, »sie ist schließlich erst vierzehn Jahre alt.« Und dann erzählte er mir, dass seine eigene Tochter, ebenfalls vierzehn, dreimal in der Woche einen Club besuche, der erst um ein Uhr nachts schließt. Und wollte offensichtlich wissen, ob ich das o.k. finde, dass sie dreimal die Woche erst um ein Uhr nachts nach Hause kommt. »Sind Sie denn in der Lage, dreimal in der Woche um eins oder zwei ins Bett zu gehen? Sie müssen doch am nächsten Tag arbeiten?«, fragte ich ihn. »Natürlich nicht.« »Aber Sie lassen es bei Ihrer Tochter zu?« Er wurde richtig wütend und sagte mir: »Sie verstehen ja überhaupt nichts davon. Zum einen: Alle ihre Freunde machen es genauso, bleiben auch so lange weg. Und ihre Eltern erlauben es ihnen. Zweitens passieren die wirklich aufregenden Dinge doch erst nach Mitternacht. Würde ich ihr sagen, sie hätte um 23 Uhr zu Hause zu sein, würde sie mich auslachen.« »Aber warum haben Sie mich eigentlich um meine Meinung gebeten«, gab ich zur Antwort, »wenn Sie doch offensichtlich ganz zufrieden damit sind, wie es läuft?« Aber er war wohl alles andere als zufrieden.

Natürlich war er nicht begeistert, dass seine Tochter dreimal die Woche so spät nach Hause kam. Aber er war Opfer des Drucks, den die Freundinnen und Freunde auf seine Tochter ausübten, und hörte nicht auf seine innere Stimme und Überzeugung. Also sagte ich ihm nur, dass ich nicht gut fände, wenn seine Tochter derart spät nach Hause kommt, und natürlich wusste auch er, dass es schlecht ist. Ich sagte ihm also nur, was er sowieso schon wusste. Dennoch war er wütend und verließ mich kopfschüttelnd, aber wahrscheinlich hatte er mir zugehört, d. h. hörte sich selbst in meinen Worten und konnte dann später wirklich zuhören.

Gegeben die oben beschriebene Situation: »O.k., es gibt eine Party oder einen supertollen DJ, du kannst gerne dahingehen, aber um 23 Uhr musst du zurück sein.« Das Kind wird natürlich jammern und sagen, dass selbstverständlich alle ihre Freundinnen und Freunde länger bleiben dürfen. Dass vor elf sowieso nichts abgeht usw. Mittlerweile gehen die Jugendlichen ja erst gegen Mitternacht aus dem Haus, weil alles immer später anfängt, Clubs, Konzerte etc. Ich jedenfalls sagte meiner Tochter: »Tut mir leid, aber ich erlaube dir nicht, länger als bis 23 Uhr dazubleiben. Wenn du findest, dass 23 Uhr nicht geht, dann musst du eben ganz zu Hause bleiben.« Ich habe das Kind also vor eine echte Alternative gestellt: »Entweder du kommst um elf nach Hause oder du gehst gar nicht. Du hast die Wahl.« Um 23 Uhr nach Hause zu kommen ist auf jeden Fall die bessere Alternative, als gar nicht zu gehen. Das Kind vor eine klare Alternative zu stellen macht es, nebenbei bemerkt, für das Kind einfacher.

Achtung, wir sprechen hier von einem *Kind*. Vierzehnjährige sind noch keine Erwachsene. Sie brauchen Eltern, die auf sie achten, noch recht lange Zeit (genauer gesagt, noch zwei Jahre), bis sie reif genug sind, auf sich selbst aufzupassen. Statt mir also Sorgen zu machen, was bei dem eben beschriebenen Vater zweifellos der Fall war, habe ich vorbeugend klare Regeln gesetzt.

Wenn ich zu dem Kind sage, du hast um 23 Uhr zu Hause zu sein, und das Kind kommt nicht um diese Uhrzeit zurück, muss ich ja auf es warten, d. h. wach bleiben, so lange, bis das Kind zurückkommt. Und wenn es dann kommt, muss das Kind die Konsequenzen tragen: »Du bist genau zwei Stunden zu spät. Was bedeutet, dass du das nächste Mal überhaupt nicht gehen darfst!« Man kann sich vorstellen, was das Kind denkt und womöglich sagen wird, aber du musst als der Erwachsene, der du bist, dazu stehen, ohne Schuldgefühle und ohne deine Meinung zu ändern. Du musst deiner inneren Überzeugung vertrauen, die dir sagt, was richtig ist und falsch. Du musst an deine elterlichen Fähigkeiten glauben, die wirklichen Interessen deines Kindes zu wahren, egal, wie stark (und auch schimpfend) dein Kind sich zeitweise gegen dich auflehnen wird. Du bist das erste und wichtigste Rollenmodell für dein Kind und als solches musst du deine Stärke unter Beweis stellen.

Als meine vierzehnjährige Tochter dann das nächste Mal in den Club gehen wollte, musste ich meine Linie durchsetzen.

»Mama, heute Abend gibt es eine Party, darf ich hingehen?«
»Nein, tut mir leid, aber du darfst nicht gehen. Letztes Mal bist du viel zu spät nach Hause gekommen. Du hattest die Wahl, entweder um 23 Uhr nach Hause zu kommen oder überhaupt nicht gehen zu dürfen. Und da du um 23 nicht zu Hause warst, wirst du heute Abend überhaupt nicht gehen.« Das ist absolut logisch. Man muss zu seinem Wort stehen. Und ob du es glaubst oder nicht – das Kind wird in seinem Inneren mit Erleichterung reagieren.

Meine Tochter hatte irgendwie gewusst, dass ich mich daran halten würde, was ich sage, dass ich für sie da bin, danach sehe, was sie macht, dass ich sie beschützen will, bis sie alt genug ist, für sich allein Verantwortung zu übernehmen und sich selbst vor Gefahren zu schützen. Diesem Erziehungsgrundsatz zu folgen hat nichts damit zu tun, ein Kind zu erniedrigen, bedeutet auch nicht, mit ihm ständig im Clinch zu liegen. Als Erwachsener so zu handeln zeugt für eine klare und ehrliche Position.

Natürlich kann sich das Kind darüber beklagen, es kann zu seinen Freundinnen und Freunden gehen und sagen: »Meine Mutter ist unmöglich, sie lässt mich heute Abend nicht auf die Party oder in den Club gehen.« Im Übrigen ist es besser, sich unter Jugendlichen gegenseitig zu sagen, wie schrecklich die jeweiligen Eltern sind, statt Drogen zu nehmen, sich ins Koma zu trinken oder sich in einer Welt zu verlieren, die außer Kontrolle gerät. Zusammen können sie ihre Eltern hassen. Aber in einer Gruppe von Kindern, die sich gegenseitig erzählen, wie schrecklich ihre Eltern sind, gibt es eine ganze Menge, die sich, vielleicht heimlich, solche Eltern wünschen, die auf sie aufpassen. Und manchmal macht einer von ihnen den Mund auf und sagt: »Liebe Leute, meine Eltern merken nicht mal, wann und ob ich überhaupt nach Hause komme, die wissen nie, wo ich gerade stecke, die fragen nie – im Grunde ist es ihnen egal.« Und das ist die wirkliche Tragödie: *Keiner kümmert sich um sie.*

Ich wiederhole: Das oberste Gebot ist, für seine Kinder da zu sein. In allen diesen Situationen, die jetzt auf sie zukommen werden, muss man persönlich für sie da sein, auch, um sie zu schützen. Das kannst du nicht an ihre Freunde und Freundinnen delegieren. Du selbst musst handeln und die Elternrolle einnehmen. Das ist die goldene Regel in jedweder Erziehung. Sie basiert auf persönlicher Verantwortung. Was mich betrifft, habe ich sie übernommen, auch wenn ich sie mit niemandem teilen konnte. Da ich so viele Kinder hatte – und dann so viele Teenager zur selben Zeit – musste ich bestimmte Regeln aufstellen, um das Leben für uns alle leichter zu machen. Statt in jedweder Situation mit jedem einzelnen Kind endlose Debatten zu führen, stellte ich also von vornherein für jedes Alter bestimmte Regeln auf. Die Gesellschaft macht das genauso – du darfst zum Beispiel erst ab einem bestimmten Alter Auto fahren. Ich zog eine Grenze mit 16 Jahren: Davor durften meine Kinder unter der Woche nach dem Abendessen nicht mehr ausgehen bzw. mussten in den Ferien oder bei ganz bestimmten Anlässen um elf Uhr abends zu Hause sein. Sie durften nicht raus, bevor sie ihre Hausaufgaben gemacht hatten oder ihre Gesangsübungen, sie durften keinen Sex haben, nicht rauchen, keinen Alkohol trinken. Ich konnte sie zu alldem motivieren mit der Aussicht, dass sie ab sechzehn ihre Freiheit hätten, wenn sie reif und »erwachsen« genug seien, zum Beispiel dem Druck von Freundinnen oder Freunden, dies oder jenes »mitzumachen«, standzuhalten und NEIN zu sagen. Von einem dreizehnjährigen Kind kannst du es nicht erwarten, das schafft es nicht.

Wenn ein Kind sechzehn wurde, haben wir ein Ritual veranstaltet, ein besonderes Essen, wir haben über Liebe, Sex, Erwachsensein, Freiheit, Verantwortung für das eigene Leben gesprochen und daraus einen, wie man heute sagen würde, richtigen »Event« gemacht. Ich versprach, ihnen von nun an eine Freundin zu sein und nicht mehr die allmächtige Elternrolle einzunehmen. Das Kind habe mein vollstes Vertrauen, für sich zu entscheiden, zum Beispiel wo und mit wem es schlafen möchte, und es dürfe, wann es wolle, nach Hause kommen, ohne mich vorher fragen zu müssen, usw. Auf diese völlige Bewegungsfreiheit warteten sie die ganze Teenagerzeit, und so konnte ich mich immer leicht darauf beziehen – »Ja, wenn du sechzehn bist, dann beginnt für dich das ›freie Leben‹« –, ohne mich in Tausenden von Argumenten und endlosen Debatten zu verstricken. Es war praktisch und hat gut geklappt! (Natürlich glaube ich nicht, dass sie immer diese Regeln befolgt haben, bevor sie sechzehn wurden, aber sie hatten diese Regeln und es war nicht einfach für sie, sie zu brechen. Freiheit mit sechzehn Jahren zu haben wurde für sie weit attraktiver, als mich oder sich gegenseitig zu betrügen.)

Die Freiheit, etwas selbst zu gestalten – oder auch nicht –, also sich eigene Regeln zu geben und Zeit, schafft Verantwortung. Doch die Verantwortung für sich selbst zu übernehmen verlangt einen gewissen Grad an mentaler Reife, der aber nicht erzwungen werden kann, bevor das Kind dazu fähig ist.

Wie gesagt, ich sehe das Alter mit sechzehn als kritische Grenze. Ein Sechzehnjähriger kann unabhängig von dem Druck, den seine Kameraden auf ihn ausüben, mit seinem Leben umgehen, kann aus freiem Willen und entlang seinen persönlichen Normen Ja und Nein sagen. Sechzehnjährige sind in der Lage, sich selbst zu schützen, und sehen ihre eigenen Interessen aus einem Blickwinkel, der den Jüngeren noch fehlt. So können Sechzehnjährige zum Beispiel die ganze Nacht durchmachen, Freunde besuchen oder ihre erste aufregende Liebe erleben und dennoch am nächsten Tag zur Schule gehen oder arbeiten, weil sie sich sich *selbst* gegenüber verantwortlich fühlen und das, was sie für gut befinden, im Rahmen einer Perspektive sehen, die über das bloße Hier und Heute hinausgeht.

Vierzehnjährige verlassen sich noch ganz auf andere – wogegen auch nichts einzuwenden ist –, also auf ihre Eltern, Lehrer, sogar auf ihre Freunde, die für sie Verantwortung übernehmen sollen, die sie gegen das beschützen sollen, was schlecht für sie ist (und die ebenso wissen, *was* schlecht für sie ist). Sie sind in diesem Alter extrem verletzbar und können zu Depression und Suizid neigen. Das Bedürfnis von Vierzehnjährigen nach Schutz, Menschen, auf die sie sich verlassen können, und ausgestreckten Händen, die sie wirklich lieben, ist konkret und absolut. Es kann nicht aus der Distanz gestillt werden. Eltern, Lehrer und andere ihnen nahestehende Menschen müssen auf präventive Weise *da sein*. Sie können nicht abwarten und dem Kind erst dann zeigen, dass sie für es sorgen, wenn es in irgendeiner gefährlichen Angelegenheit bereits zu weit gegangen ist. Deswegen glaube ich *nicht* an die Freunde, also andere Vierzehnjährige, denen man vertrauen kann, weil sie ja zusammen schon gut auf sich aufpassen. Genau das können sie nicht. Sie verfügen ja selbst noch nicht über die geistige Reife, auf ihre eigenen Interessen zu achten, wie sollen sie sich dann um die der anderen kümmern können? Konsequenterweise bekommen wir es mit großen Problemen in der Form von Mobbing (das schon in den Tagesstätten für die Kleinen beginnt), Selbstdestruktion und/oder tödlicher Gewalt zu tun, wenn wir in unserer Kultur die jungen Leute anderen jungen Leuten überlassen oder kleine Kinder kleinen Kindern, während die Erwachsenen, die für Normen oder Regeln stehen, gar nicht anwesend sind.

Wir haben unsere Kinder sich selbst überlassen – das ist die bittere Wahrheit. Wir haben ihre sorgenfreie Kindheit »wegrationalisiert« und dabei vergessen, wie lange Zeit sie brauchen, um mental reif zu werden – was, meine ich, ebenso lange dauert wie ihre körperliche Reifung. Schließlich erwarten wir von einem Zehnjährigen auch nicht, ein Marathonrennen zu laufen oder einen Gipfel im Himalaja zu besteigen. Genauso wenig können wir von ihnen erwarten, ihr Leben unbegrenzt und schutzlos auszuleben.

Was die Fünfzehnjährigen betrifft, musst du zum Beispiel wissen, was dein Kind macht. Denke vorher darüber nach, was es gerade vorhat, triff deine Entscheidungen und stehe dazu. Natürlich ist das einfach gesagt, ich weiß. Aber dennoch ist es wichtig. Mach es deinem Kind ein wenig einfacher! Wir helfen unseren Kindern in keiner Weise, indem wir sie ignorieren.

Fünfzehnjährige nähern sich ihrer geistigen Reife, um ihre eigene Identität zu finden, oder zumindest suchen sie nach ihr und übernehmen damit auch die *persönliche* Verantwortung für ihre weitere, *eigene* geistige Weiterentwicklung. Konflikte sind hier unvermeidlich, entfernen sie sich doch von der »alten Welt« mit allem, was sie umgab, und nicht zuletzt auch von den »alten Leuten« (also den Eltern). Konflikte gehören also unvermeidlich dazu, aber du kannst mit ihnen umgehen, indem du sie, die Kinder, – wie immer – verstehst oder versuchst, sie zu verstehen, und zwar um jeden Preis. Deine sich für sie interessierenden Fragen können von einer Tür beantwortet werden, die man dir vor deiner Nase zuschlägt, aber glaube mir, sie werden geschätzt: »Jemand sorgt für mich.«

Für die Fünfzehnjährigen sind die Beziehungen zu ihren Peers (Freundinnen und Freunden, Klassenkameraden usw.) bedeutend. Ich denke, sie sollten ermutigt werden, gute Freundschaften einzugehen und schätzen zu lernen, sozusagen als Kontrastprogramm zur Liebe mit all ihren Träumen, aber auch Enttäuschungen. Freundschaft dauert und versichert dem Fünfzehnjährigen, nicht allein zu sein. Es gibt andere, die so sind wie er. Sie fühlen wie er, sie denken wie er und sie mögen dieselben Dinge. Er und seine Gleichaltrigen finden es als Mitglieder einer klar definierten Gruppe, ob als Punks, Gothics oder egal welcher anderen extremen Subkultur, deshalb so befriedigend, weil sie ihnen ermöglicht, sich vorzustellen, dass sie Anführer in einer neuen »Herde« sind. Diese neue »Herde« muss sich natürlich klar von der ihrer Eltern und Lehrer unterscheiden, von den Vorstellungen der Mittelschicht generell oder egal, gegen welche Autoritätsfigur sich ihr Protest richtet. (Erinnern wir uns an Marlon Brandos berühmten Satz aus »The Wild One«: »Wogegen rebellierst du?«, wird er gefragt. »Was willst du hören?«, lautet seine Antwort.)

Eltern sind in der Regel wenig begeistert vom Entstehen neuer Loyalitäten bei ihrem Nachwuchs. Zum einen wäre es gut, wenn sie darauf achten, dass ihre Kinder nicht nur noch und ständig mit ihren Freundinnen und Freunden unterwegs sind, zum anderen, dass sie auf die *Form*, die diese neuen Loyalitäten annehmen, aufpassen und weniger die *Inhalte* kontrollieren. Wenn du zum Beispiel den Verdacht hast, dass dein Fünfzehnjähriger mit Marihuana experimentiert, jetzt, wo er sich gerade fürs Wochenende mit Freunden verabredet, bei denen du dir vorstellen kannst, dass sie Drogen nehmen, solltest du ihn nicht dahin gehen lassen. Dann entscheidest du rein *formal*.

Wenn du ihm jedoch die Erlaubnis gibst, mit seinen Freunden loszuziehen, ihn aber ermahnst, er dürfe dort kein Marihuana rauchen, überlässt du die ganze Verantwortung dem Fünfzehnjährigen. Alle Voraussetzungen für den Konsum von Drogen werden gegeben sein, aber du erwartest von ihm, sie nicht auszunutzen. So entscheidest du über den *Inhalt*.

Und diese letztere Alternative ist nicht wirklich fair. Und ein unglückliches Nebenprodukt dieser Vorgehensweise besteht darin, dass du dem Fünfzehnjährigen, der früher oder später der Versuchung sehr wahrscheinlich unterliegt, zusätzliche Schuldgefühle bescherst. Er wusste, dass er das nicht tun durfte, tat es aber dennoch. Deswegen ist die erste Alternative, also das »formale« Vorgehen, besser, weil es für ihn immer einfacher sein wird, zu sagen: »Ich darf nicht« (mitkommen), statt: »Ich will nicht« (Marihuana rauchen). So, wie Freiheit zu Zwang führen kann, kann ein Verbot befreiend sein.

Wir Erwachsene führen immer die »Umstände« an, die wir nicht beeinflussen könnten, wenn wir uns vor sozialer Verantwortung drücken wollen. Dann flüchten wir uns in Ausreden wie »Ich hatte zu viel zu tun«, »Ich muss morgen früh raus« oder »Es liegt am Wetter, dass ich gerade so oder so bin«. Nur wenige von uns besitzen den Mut, frei heraus zu sagen: »Ich will das nicht!« Was könnten denn unsere Freunde oder Verwandten von uns denken? Wir würden deutlich klarmachen, dass sie uns egal sind. Einem Fünfzehnjährigen, der überzeugt sagen kann: »Ich darf nicht«, bleibt erspart zu sagen: »Ich will nicht.«

Wenn du aber dem Fünfzehnjährigen erlaubt hast, etwas zu machen, musst du ihn auch lassen. Keine nachträglichen Einwände und keine Schuldzuweisung. Die *Form* ist jetzt klar gegeben, aber über den Inhalt entscheidet allein er. Wenn du zum Beispiel deine Tochter dabei findest, wie sie sich auf ihrem Bett mit ihrem Freund eng umschlungen küsst, kannst du einfach sagen: »In fünf Minuten gibt es Abendessen, Mark soll dann nach Hause gehen.« Versuche nicht, über den Inhalt zu entscheiden, indem du sagst: »Wenn Mark in deinem Zimmer ist, müsst ihr aber die Tür offen lassen.«

Insofern lautet mein umfassender Rat, um dem Kind Schuldgefühle zu ersparen und um seine Integrität zu wahren: Sorge für die Rahmenbedingungen und setze Grenzen, aber in dem Rahmen, den du setzt, lass das Kind über den Inhalt selbst entscheiden. Du schränkst damit nicht die Freiheit deines Teenagers ein. Ganz im Gegenteil, die Freiheit wird erst dadurch möglich, dass du Kindern Grenzen setzt, die in diesem Alter noch nicht in der Lage sind, sich selbst Grenzen zu setzen.

Und was soll man machen, wenn die Dinge einmal wirklich schieflaufen?

Wenn die Dinge wirklich aus dem Ruder laufen und die Beziehung des Fünfzehnjährigen zu seiner Familie, zu seinen Freunden, der Schule und der Gesellschaft überhaupt gefährden, ist er womöglich auf die schiefe Bahn geraten oder es hat mit dem Konsum von Drogen zu tun. Es sind Handlungsweisen, die mit ihren Konsequenzen sein ganzes Leben berühren. Wenn er in diesem jungen Alter in kriminelle Kreise gerät, wird er früher oder später abhängig von ihnen werden, was sehr schwer wieder aufzubrechen ist. Du musst alles dagegen unternehmen, um ihn von diesen unheilvollen Einflüssen abzubringen, und ihn wieder auf das richtige Gleis setzen.

Sobald du bemerkst, dass etwas anfängt, schiefzulaufen, wäre es ratsam, dass ihr, Mutter oder Vater, die gewohnte Umgebung verlasst, um euch wieder mit dem Fünfzehnjährigen zusammenzuschließen. Ein solcher Aufenthalt kann zehn Tage oder einen Monat dauern. Die neue Umgebung, die du mit ihm aufgesucht hast, sollte so sein, dass ihr hart für euer Überleben arbeiten müsst. Ein Trip mit einem Campingbus, der bessere Tage gekannt hat, Campen in unwegsamem Gelände, eine Reise in ein Niemandsland, wo die Lebensbedingungen so primitiv sind, dass Zusammenhalten und Zusammenarbeit die einzigen Garantien für das Überleben sind, das alles schweißt Menschen wirklich zusammen. Ein Fünfzehnjähriger, der ein großes Risiko eingegangen ist, wird auf diese Weise wieder geerdet und sein Lebenshunger wird wieder geweckt. Der Überlebensinstinkt wird übermächtig, zumindest für einen gewissen Zeitraum, und der Jugendliche wird für sich und jeden anderen *unersetzlich*. In seinen eigenen Augen gewinnt er wieder an Wert, einen Wert, für den es sich einzusetzen lohnt, den es lohnt, zu verteidigen und weiterzuentwickeln. Kurz gesagt, ein Wert, für den es sich lohnt, zu leben.

7
Das verlorengegangene
»Zentrum«

Niemals zuvor in der Geschichte standen in unseren westlichen Wohlstandsländern die Kinder derart im Mittelpunkt. Kinder sollen ihren Familien einen Sinn geben, sie werden zu Statussymbolen erhoben, vielleicht, weil es – zumindest in Deutschland – nicht mehr so viele von ihnen gibt, oft werden sie verwöhnt und bekommen fast alles, was sie wollen. Das ist die eine Seite. Und die andere ist, dass von Kindern niemals so viel verlangt wurde wie heute. Sie sollen sich schon früh von ihren Eltern lösen können, also möglichst früh in die Krippe gehen, und sie werden vom Anfang ihres Lebens an ständig »begutachtet« und gefördert, ihr ganzes Leben erscheint nur noch unter dem Aspekt, was sie leisten. Vergötterung des Kindes und das Desinteresse daran, was es wirklich braucht, liegen offensichtlich dicht beieinander.

Dazu fällt mir ein vielsagendes Beispiel ein. Eine Mutter hat an mein »Elternforum« gemailt, dass sie und ihr Partner ein kleines Kind adoptiert haben und Mitglied der Organisation »Adoption World« wurden. Sie gingen also zu diesen Gruppen, in denen sich Adoptiveltern treffen und miteinander reden. Aus dieser Runde schrieb sie mir, wie wichtig es doch sei, dass man wisse, woher das Kind komme, wo es geboren wurde, wer das Kind am Anfang seines Lebens betreut habe, und dass sie und ihr Mann nun vorhätten, diese Leute zu treffen, um mit ihnen über alles zu sprechen, was mit dem Kind damals los war. Also wunderte sie sich, wie man Kinder in Schweden in eine Tagesbetreuung geben kann, ohne zu fragen, wer für das Kind sorgt und wie dies geschieht. Es ist genau diese Schizophrenie, nach der du fragst. Absurd.

Wenn du andere Beiträge aus deinem Internetforum liest, was hat sich für dich in den letzten Jahren in Schweden verändert?

Leider glaube ich, dass sich die Dinge insgesamt zum Schlechteren entwickelt haben. Kürzlich ist ein Bericht der Vereinten Nationen veröffentlicht worden, dass schwedische Mütter das drittbeste Leben führen, was es auf der Welt gibt, und einige Jahre zuvor waren sie sogar Spitzenreiter.

Was die wirtschaftlichen Interessen Schwedens betrifft, nehmen die Frauen in Schweden wirklich einen Spitzenplatz ein. Die Regierung sorgt dafür, dass Kinder bis zu sechs Jahren eine Krippe oder einen Kindergarten besuchen können. Dazu kommt die lange Elternzeit. Aber wenn wir uns nur auf die Kinder konzentrieren, beobachten wir eine zunehmende Gewaltbereitschaft, zunehmendes Mobbing, das immer früher beginnt, sogar schon im Kindergartenalter. Und die Erzieherinnen wissen oft überhaupt nicht, wie sie damit umgehen sollen. Also sehen wir schon bei einem beträchtlichen Teil kleiner Kinder und später dann bei den Schulkindern diesen Hang, die Dinge mit Gewalt zu regeln, Gewalt, die sich ja nicht nur in körperlichen Attacken äußern muss. Zusätzlich bekommen die Kinder heutzutage immer mehr Medikamente, vor allem gegen Lernstörungen, aber auch gegen sogenannte Verhaltensstörungen, darunter viele noch sehr kleine Kinder.

Es gibt also viele Studien und Berichte, die belegen, dass die Kinder heute, egal ob klein oder groß, kein so gutes Leben haben. Die Folge davon ist, dass sie nur noch selten ausgelassen und fröhlich sind, dass sie sich später selbst verletzen, sich ins Koma saufen, anderen wehtun oder einfach verzweifelt sind. Sie tun alles, um ihren Selbstwert zu steigern, um gesehen zu werden, um überhaupt wahrgenommen zu werden. Das alles lässt sich jeden Tag beobachten, wenn man nur die Augen offen hält.

Und genau dies ist der Punkt, weshalb ich mich so vehement dafür einsetze, dass sich hier etwas verändern muss, besonders, solange die Kinder noch ganz klein sind. Du kannst sie nicht wie Gegenstände behandeln, wie einen Koffer, den du einmal hierhin und einmal dahin stellst, den du irgendwo ablieferst und ihn dir am Nachmittag wieder holst. Das hat Folgen, vor denen wir unsere Augen nicht verschließen dürfen.

Hat es vielleicht damit zu tun, dass Eltern einfach zu wenig Zeit für ihre Kinder haben, anders ausgedrückt, dass man ihnen zu wenig Zeit für ihre Kinder lässt?
Hinzu kommt der enorme Leistungsdruck, der heute auf die Kinder insbesondere der Mittelschichten ausgeübt wird, aus Angst vor sozialem Abstieg. Und die Schule gibt diesen Druck, oft zusammen mit den Eltern, an die Kinder weiter. Es ist wissenschaftlich doch längst bewiesen, dass die Art und Weise, wie zum Beispiel deutsche Kinder in der Schule lernen, dem Ziel, sein Wissen angstfrei und schöpferisch zu erweitern, nicht genügt.

Ja, ich verstehe das auch nicht, wie das bei euch gehandhabt wird. Schließlich steckt doch das ganze Leben voller Lernprozesse, selbst für das allerkleinste Baby, Leben ist Lernen, 24 Stunden am Tag. Und als Lehrer musst du dem Kind dafür Zeit geben.

Natürlich ist es wichtig, Kindern einen Zeitrahmen vorzugeben. Also jetzt schläfst du, jetzt beendest du deine Aufgabe, jetzt ruhst du dich aus und dann fängst du mit der nächsten

Aufgabe an. Aber du kannst die Kinder nicht mit Wissen abfüttern, du musst auf ihren eigenen Rhythmus beim Lernen vertrauen. Denn Kinder wollen lernen, immerzu.

Man soll Kindern ihre Zeit nicht ständig stehlen, auch nicht ständig eingreifen, wenn sie gerade mit etwas beschäftigt sind. Man soll ihnen das geben, was sie brauchen, und dann werden sie loslegen. So haben es Eltern vor langer Zeit doch auch gemacht. Sie gaben dem Kind ein Blatt Papier, einen Stift und dann haben sie nicht gesagt, mal dies oder das, sondern sind weggegangen, um sich um das Geschirr oder sonst was zu kümmern. Und das Kind fängt mit dem, was man ihm gegeben hat, etwas an, es macht etwas damit. Ohne Kontrolle, es produziert etwas, weil es etwas schaffen will.

Gebt den Kindern, was sie brauchen, damit sie auf ihre ganz eigene Weise damit arbeiten können. Es ist so einfach. Und Eltern wissen das! Sie geben ihrem Kind einen Ball und erwarten, dass ihr Kind etwas mit dem Ball anfängt. Und das Kind will etwas mit dem Ball machen. Sie müssen ihm nicht sagen: »Schubs den Ball, wirf ihn doch einmal gegen die Wand, schieß ihn doch einmal in die Luft, benütze deine Hände, deine Füße, wirf ihn mir zu«, nein, sie müssen dem Kind den Ball nur geben und warten, was passiert. Und es wird etwas passieren. Eltern haben ihren Kindern Bauklötze gegeben, und die Kinder haben angefangen, Türme damit zu bauen oder ein Haus, egal, was. Sie machen das von ganz alleine, du musst ihnen nur die Bauklötze geben. Gebt ihnen Bücher und sie werden lesen. Gebt ihnen solche Möglichkeiten, aus denen sie dann selbst etwas machen, Neues erschaffen. Aber man muss geduldig sein, dem Kind Zeit lassen. Und die Weisheit besitzen, sie in Ruhe zu lassen, sie allein etwas machen zu lassen. Mein Gott, das ist wirklich so, so wichtig! Und dann kommen sie zurück und zeigen ganz stolz, was sie gemacht haben, und du gehst einfach darauf ein. Es geht um die Kommunikation mit dem Kind. Diese Kommunikation ist wechselseitig und beruht auf echter Partnerschaft. Du begegnest deinem Kind mit Interesse, du bittest es, dir etwas über sein »Kunstwerk« zu erzählen, über sein Gebäude aus Bausteinen oder sonst was – bittest das Kind, dir etwas zu erklären, etwas darüber zu sagen, was in ihm vorging, was es sich dabei gedacht hat, was seine Absicht war, usw. Echtes und positives Interesse zu zeigen, und sei es nur für eine Minute, ist doch so einfach und bedeutet für das Kind dennoch die Welt.

Unglücklicherweise fangen Eltern mehr oder weniger automatisch an, ihre eigenen Maßstäbe anzulegen, beurteilen nach »richtig« und »falsch«, kritisieren, ermahnen oder (was immerhin besser ist) loben das Kind – d. h., sie äußern sofort ihre ungefragte Meinung, anstatt Fragen zu stellen, dem Kind Raum für Erklärungen zu geben oder es laut fantasieren zu lassen. Eltern müssen lernen, auch einmal den Mund zu halten, gar nichts zu sagen. Mit einer anderen Sprache zu sprechen als mit lauter Einbahnstraßenwörtern, Wörtern über Wörtern. *Einfach nur da sein* – hier hast du mich!

Mein Ausgangsgedanke ist oft, dass ich mir vorstelle, was *mir selbst* in der Situation des Kindes gefallen würde, was *mir* guttun würde. Wie würde ich persönlich es gerne haben, wie sollen die Dinge um mich herum geregelt sein, wie möchte ich, dass Menschen mit mir sprechen, wie soll das Leben aussehen – in dieser oder jener Situation? Noch einmal: Das ist wirklich sehr einfach, weil das Kind doch exakt dasselbe will, was du auch gut für dich selbst empfindest.

Du kannst die Bedürfnisse deines Kindes aus dir heraus verstehen: Seine Bedürfnisse und Wünsche sind doch dieselben. Kinder lernen unaufhörlich, und unaufhörlich zu lernen meint dasselbe wie unaufhörlich zu arbeiten. Wie also kommst du selbst am besten an deinem Arbeitsplatz zurecht? Ständig zu hören, wie schlecht du bist, welche Fehler du machst, wie du mit allem nicht klarkommst und um wie viel besser es die anderen machen? Ständiges Herumkritisieren, (nur) negative Aufmerksamkeit, ständige Störungen und das Empfinden, dass man dir nicht glaubt, geben dir in kürzester Zeit das Gefühl von Wertlosigkeit, und du verlierst nicht nur deine anfängliche Begeisterung für die dir gestellten Aufgaben, sondern auch deinen Lebenshunger. Wenn du aber eine Arbeit gefunden hast, bei der dich die Menschen freundlich grüßen, dich ermutigen, dein Bestes zu geben, dich wie jeden anderen auch aufmuntern und inspirieren, dann hast du es gut getroffen! Wenn Kooperation und nicht Isolation der Maßstab aller Dinge ist.

Wir haben darüber gesprochen, wie isoliert von ihren Eltern – ihrer »Herde«, ihrer Familie, ihrem Zuhause – die Kinder heutzutage aufwachsen. Ich will noch einmal auf die frühe Kindheit zurückkommen, darauf, dass du betont hast, wie wichtig es ist, dass Eltern ihren Kindern die Welt öffnen, sie ihnen zugänglich machen. Sodass sie Freund mit der Welt werden. Welche Auswirkungen hat es, wenn Kinder zu früh in eine ihnen fremde Umgebung gegeben werden?

Ja, die Welt sollte zuerst klein sein, bevor sie größer werden kann – genau wie das Kind selbst. Die ersten drei Jahre des Lebens müssen das Kind in diese Welt einführen, friedlich und freundlich. Es ist so unendlich wichtig, dass die »Herde« für das Kind stets erreichbar ist und dass ihre Mitglieder die Welt in kleinen, langsamen Portionen an das Kind heranführen, gemäß dessen eigenen Bedürfnissen, eigener Lust und eigenem Tempo. Ein kleines Kind ist kein Transportgut, das überallhin an einen überbewachten Lagerplatz verschoben werden kann. Ein kleines Kind ist ein Mensch, der ganz neu auf dieser Welt ist. Es ist ein solch wunderbares und reich belohntes Abenteuer, die erstaunlich schönen Dinge dieser Welt kleinen Kindern nahezubringen – das Licht, die Musik, die Blätter, die Bäume. Es ist ein Privileg jenseits der intellektuellen Einsicht, ein Begleiter des Kindes zu sein, das vertrauensvolle Zentrum in dieser neuen Welt, ein Zentrum, von dem aus und durch das ein Kind nach und nach seinen Aktionsradius erweitern kann und seine Kreise von Bewusstsein und Kenntnissen allmählich immer mehr ausweiten kann. Um »dazuzugehören«, wie es jedes Kind auf ganz eigene Weise erfährt, um Wurzeln zu schlagen, braucht es drei Jahre, und alles sollte mit großer Sorgfalt nach und nach angegangen werden. Ebenso braucht es drei Jahre, bis ein Kind seine Muttersprache lernt. Du kannst einem Kind nicht beibringen, mit einem oder zwei Jahren wie ein Experte mit allem Sachverstand zu sprechen. Schließlich erwartet ja auch keiner von einem Baby, fließend (wenn überhaupt) zu sprechen. Und so braucht es drei Jahre Zeit, bis das Kind um seinen spezifischen Platz auf dieser Erde weiß – sein Zuhause, seine »Herde«, zu der es gehört. Du kannst eine solche Entwicklung nicht innerhalb eines oder zweier Jahre erzwingen.

Welche Auswirkungen hat es, wenn Kinder zu früh in eine ihnen fremde Umgebung gegeben werden?

Natürlich handelt es sich bei einer für das Kind ganz neuen Umgebung um etwas Verwirrendes, um etwas, das ihm fremd ist. *»Wohin gehöre ich?«* Ohne geteilte Zugehörigkeit werden sich Leute fremd, so als würden sie sich gegenseitig nur besuchen. Das ist eine Tatsache, die nicht geleugnet werden kann, und durchaus vergleichbar damit, die alte Oma oder den Opa an einen ihnen fremden Ort zu verfrachten. Vielleicht werden sie dort ein gutes Leben haben, zumindest wirst du es ihnen wünschen. Als guter Sohn oder gute Tochter willst du auch, dass man sie dort gut versorgt, und wenn du sie dann nach einem Besuch verlässt, kannst du dich wieder um deine eigenen Angelegenheiten kümmern und brauchst nicht ständig an sie zu denken. Und sonntags, als du sie eigentlich besuchen wolltest, hast du sie plötzlich vergessen, weil du zu viel mit dir selbst zu tun hast oder für deine Arbeit. Vielleicht denkst du aber auch gar nicht groß darüber nach, denn du wähnst sie ja in sicheren Händen. Und dann wirst du nach und nach deine alten Eltern vergessen, weil die Verantwortung nicht mehr länger bei dir liegt und sie doch gut umsorgt werden, wo sie sind (hoffentlich). Du brauchst nicht mehr daran zu denken, dorthin zu gehen, bis du einen Anruf bekommst, dass sie gestorben sind.

Was ich damit sagen will: Wenn du die eigene Verantwortung für jemanden aus deinen Händen gibst, sie »Professionellen« überträgst, egal, ob sie für deine Eltern oder für deine Kinder sorgen, ist dein persönliches Engagement zwangsläufig beschädigt oder ganz aufgehoben. Persönliches Engagement und persönliche Verantwortung sind unverbrüchlich mit *Präsenz* verbunden. Du musst ganz einfach *da sein*, um zu wissen, was gerade passiert, um deiner alten Mutter oder deinem kleinen Kind helfen zu können. Persönliche Anwesenheit ist, wie jedermann weiß, die grundlegende Voraussetzung für Liebe. Professionelle Aufsicht kann niemals dasselbe sein wie persönliche Fürsorge. Mein Gott, wie sehr würde ich mir wünschen, dass unsere westliche Gesellschaft ihre Prioritäten komplett neu bestimmen würde – sodass das Arbeitsleben wieder so wie vor der industriellen Revolution mit der Gemeinsamkeit in der Familie und der »Herde« verbunden werden kann. Sodass die Kinder wie die Alten daran teilnehmen können oder zumindest dabei sein können, statt aus ihrem leeren Zuhause hinausgeworfen zu werden.

Hier in Schweden sprechen Eltern, die Kinder haben und gleichzeitig Karriere machen wollen, vom Leben als einem »Puzzle« und wie schwer es zusammenzufügen ist. Wer wird zu Hause bleiben, wenn das Kind krank wird? Denn dies bedeutet Ärger bei der Arbeit. Wer bringt das Kind heute in die Krippe, und wer holt es dort ab? Sie haben zu wenig Zeit, keiner hat mehr Zeit »übrig«, es gibt keine Spielräume. Diese ständigen Konflikte lassen dieses »Lebenspuzzle« auseinanderfallen. »Heute bist du an der Reihe«, »Nein, du bist dran!«, usw. Klar, darüber kannst du endlos streiten, aber die entscheidende Frage ist doch, was dazwischen passiert, also zwischen dem Zeitpunkt, wo Eltern ihr Kind abliefern, und dem, wo sie es wieder abholen. Denn für das Kind ging das Leben ja weiter, etwas geschah in dieser ganzen Zeitspanne mit dem Kind oder auch nicht. Und dies für viele Stunden! Ein Leben, über das die Eltern gar nichts wissen! Auch ihrer Meinung nach oft gar nichts zu wissen brauchen, weil sie ihre Kinder professionell versorgt sehen. Und so fangen sie an, ihre Kinder für diese Zeit einfach zu vergessen, im Vertrauen darauf, dass es ihnen gut geht. Aber zwanzig Einjährigen, die von drei Erwachsenen, egal, welche Ausbildung sie auch immer hatten, beaufsichtigt werden, kann es nicht gut gehen.

Ein verlassenes Einjähriges – und mit »verlassen« meine ich ein Kind ohne persönliche Verbindung mit einem Mitglied der »Herde« um sich herum – wird, um nur ein Beispiel zu geben, sich umsehen, um sein persönliches Zentrum zu suchen, Verständnis suchen, eine Gemeinschaft, die auf seine »Fragen« antwortet, die seine Konfusion aufhebt, seine Tränen trocknet, ihm dabei hilft, von seiner mehr oder weniger stets anwesenden Verwirrung wegzukommen – aber da ist niemand, zu dem das Kind gehört. Und genau das passiert tausende Male am Tag. Wer erzählt diesen Eltern, was mit dem Kind während all dieser einsamen Stunden geschah, in denen es buchstäblich allein und verlassen war? Die Eltern, die ihr Leben als ein unendliches Puzzle begreifen, das man immer wieder von Neuem zusammensetzen muss, sehen es nicht, weil sie mit ihrer eigenen beruflichen Situation so viele Probleme haben, weil sie pünktlich sein müssen, weil ihnen dort keine Zeit zum Nachdenken gegeben wird, usw. Das Vergessen der eigenen Kinder für diesen Zeitraum macht es ihnen einfacher. Aber auf wessen Kosten? Das Kind verliert sie *und* sein Zuhause – dieses langsame Hineinwachsen in die Zugehörigkeit zu einer »Herde«. Aber auch die Eltern verlieren ihre enge Verbindung zu ihrem Kind. *Es ist ein gegenseitiger Verlust.*

Als ich vor einigen Jahren das erste Mal nach Deutschland kam, ich meine als Autorin des »KinderBuchs«, machte ich während meiner Lesereise die wunderbare Erfahrung, dass die Betreuung von Kindern unter drei Jahren bei euch noch nicht auf der politischen Agenda stand. Die Mehrheit der Eltern ging und geht, glaube ich, bis heute davon aus, dass es das Beste ist, wenn Kinder in den ersten drei Lebensjahren ein richtiges Zuhause haben. In Schweden war es auch einmal so, in den 60er- und 70er-Jahren, also in meiner frühen Zeit als Mutter, bevor es dann Ende der 70er-Jahre und in den 80er-Jahren zu dieser »Tagesbetreuungs-Revolution« kam. Damals wurde das Kind noch in seine »Herde« hineingeboren, die beide Komponenten, also die Eltern/Familie *und* ein Zuhause umfasst – also nicht nur das eine oder andere, sondern beides, und zu denen das Kind sich zugehörig fühlt.

Zeitweise kann man auf die eine Komponente bauen, um das Kind in die Zugehörigkeit zur Welt einzuführen – so können zum Beispiel die Eltern zusammen mit dem Kind eine längere Reise weg von ihrem Zuhause unternehmen und dort auch für längere Zeit bleiben; oder man kann eine andere Person, die nicht zur »Herde« (also zur Familie) gehört, haben, die auf das Kind in seinem Zuhause aufpasst, und auch dies für längere Zeit. Aber *beide* Komponenten zusammen dürfen nicht *gleichzeitig* aufgegeben werden – also sowohl die »Herde« wie auch das »Zuhause« –, denn wir können nicht erwarten, dass das Kind auch dann noch weiß, wohin es gehört, und den Aufbau seiner Welt fortsetzt. Wenn also Kinder unter drei Jahren ihre Tage in einer Kinderkrippe verbringen, wo weder die Mitglieder seiner »Herde« noch sein Zuhause erreichbar sind, wird es unweigerlich zu einer Entfremdung führen, die das

Gegenteil zum Zugehörigkeitsgefühl darstellt. Was eine auch mental empfundene Heimatlosigkeit bedeutet. Ganz so wie ein Kind, mit dem niemand spricht, am Ende selbst sprachlos wird.

Als ich meine ersten Kinder bekam, galt als oberste Regel, sozusagen im Gepäck einer Ehe, dass die Mütter mit ihren Kindern solange zu Hause blieben, bis sie in die Schule kamen. Als nächster Schritt folgte dann, dass Kinder ihre Mutter oder ihren Vater, auf jeden Fall ihr eigenes Zuhause, die ersten drei Jahre brauchen. Und dann haben sich, wie wir wissen, die Zeiten noch einmal geändert. Jetzt sollen sie schon im Alter von einem Jahr kleine Freunde brauchen, und dies mehr als die Eltern und ein Zuhause, was vollkommen absurd ist. *»Heimatlose Kinder« können sich nicht gegenseitig sozialisieren.*

Diese »Peer«-Kultur wird in der gesamten westlichen Welt kultiviert. Sie ist risikoreich und gefährlich. Und sie stellt den größten Betrug vonseiten der Erwachsenen in unserer heutigen Zeit dar. Schau auf jeden Schulhof in Schweden – sieht man da noch einen Lehrer? Ist da jemand, der aufpasst und hilft, wenn nötig? Sie trinken ihren Kaffee im Schulgebäude. Auf dem Schulhof mobben sich Kinder, schlagen sich, beschimpfen sich, machen einander Angst und es kommt zu Gewalttätigkeiten aller Art. Es herrscht das Gesetz des Dschungels. Und keiner ist dort, der es bemerkt, geschweige denn jemand, der eingreift.

Seit unsere Gesellschaft kein Bedürfnis mehr nach Kindern hat und sich weigert, in ihnen die Zukunft zu sehen, was sie aber doch sind, überlässt man sie sich selbst, erzogen von ihren »Freunden«. »Babys müssen andere Babys treffen!« Nein, das brauchen sie nicht, sage ich. »Babys lieben doch andere Babys, siehst du es nicht? Sie mögen sooo gerne in Gesellschaft der anderen sein.« »O.k.«, lautet meine Antwort, »ich mag Hunde. Wenn ich einen sehe, streichle ich ihn. Bedeutet dies, dass ich

Hunde *brauche*? Heißt es, dass es mir guttun würde, in einem Hundezwinger zu leben und all meine Zeit mit Hunden zu verbringen?«

Wenn du genau hinsiehst, als Mutter oder Vater, dann weißt du, dann weiß jede und jeder, dass kein Kind im Alter von einem Jahr freiwillig seine Eltern und damit sein Zuhause fröhlich verabschiedet, um seinen Tag woanders zu verbringen. Das findest du einfach nicht. Das gibt es ganz einfach nicht. Und es wird es so auch niemals geben. Und trotzdem wurde hier bei uns beschlossen, Kinder schon im Alter von einem Jahr in die Tagesbetreuung zu geben. Dieses System funktioniert letztlich dadurch, die Leute glauben zu machen, dass Kinder so etwas geradezu brauchen würden, dass es sie sogar fördert!

In Deutschland sah ich, das sich vielfach die Omas und Opas um die Kleinen kümmern. Als ich damals in Heidelberg nachmittags in einem Café saß, beobachtete ich eine unvergessliche Situation. Eine Familie kam mit einem zweijährigen Kind in seinem Buggy, fand Platz am Nebentisch und setzte den Kleinen auf einen Stuhl. Die Eltern des Kindes fingen an, die Speisekarte zu studieren, und das Kind war natürlich, wie Zweijährige nun einmal sind, ziemlich ungeduldig, wollte herumlaufen, sich ein wenig umsehen, aber Vater und Mutter insistierten lautstark, dass es endlich einmal still sein solle. Ganz eindeutig war es für alle Beteiligten eine ziemlich stressige Angelegenheit. Natürlich fing das Kind nach kurzer Zeit an zu schreien. Vermutlich hatten die Eltern inzwischen entschieden, was sie essen wollten und was das Kind kriegen sollte, und warteten jetzt darauf, dass ihnen die Bedienung das Essen bringen würde. Wir alle wissen, wie lange so etwas dauern kann, nämlich so lange, bis das unglückliche Kind keinen Appetit mehr hat und mit aller Wahrscheinlichkeit sich weigern wird, überhaupt noch irgendetwas zu essen, womit es sich dann mit hoher Wahrscheinlichkeit neue Zurückweisung und neuen Ärger einhandelt. Und das alles aufgrund der stressigen und ungeduldigen Haltung der Eltern, vermischt mit Wut und Ärger. Haben sie ernsthaft geglaubt, sie könnten sich ein Menü schneller aussuchen, währenddessen das Kind still und brav in seinem Stuhl sitzt, nach nichts guckt und ganz ruhig bleibt? Wäre das Essen denn schneller auf den Tisch gekommen, wenn das Kind Ruhe gibt? Einer von ihnen hätte das Kind doch bei der Hand nehmen können und es herumlaufen lassen, damit es dieses kleine Stück der Welt für sich erkundet! Einer von ihnen – oder beide – hätte die spannende Umgebung aus den Augen des Kindes wahrnehmen, es zumindest versuchen können. Einer hätte die Bestellung aufgeben und der andere sich für einen Moment (oder zwei) den Interessen des Kindes widmen können. Die Zeit wäre nicht langsamer oder schneller vorübergegangen. Sie lässt sich nicht beschleunigen. Warum dann das Kind hetzen und für was? Sich beeilen und gleichzeitig warten!

Inzwischen war ein anderes zweijähriges Kind an der Hand seiner Oma aufgetaucht, die beide langsam an dem Tisch vorbeigingen, an dem das andere, jetzt kräftig zeternde Kind saß. Das Kind sah zu dem schreienden Kind und seinen bereits ziemlich wütenden Eltern herüber, blieb stehen, dann auch die Oma. Diskret sah sie woandershin, aber das Kind an ihrer Hand sah das andere Kind mit großen Augen lange Zeit ganz erstaunt an. Und plötzlich hörte das Kind am Tisch auf zu schreien und sah zu ihm hinüber. Eine Art schweigende Unterhaltung fand zwischen beiden statt. Auch in Anwesenheit dieser unbekannten Oma konnten die Eltern weiter nichts tun, als zu warten, um dann – endlich – zu bemerken, dass ihr Kind sich mit einem anderen getroffen hatte, das jetzt zu ihm hinübersah und ihm »zuhörte«, anfangs seinem Schreien und jetzt seinem Schweigen. Und sofort waren alle ruhig. Mithilfe der kleinen Kinder konnten die Eltern sich im Hier und Jetzt ausruhen, was sie zweifellos gut brauchen konnten!

Beide, Oma und Kind, gingen dann weiter, aber das Kind sah sich noch einmal um, als wollte es ihr sprachloses wie verständnisreiches, vielleicht aber auch verständnisloses Treffen noch einmal bestätigen, d. h. seine Entdeckung, wie unterschiedlich die Bedingungen des einen zu denen des anderen doch sein können. Bewegungsfreiheit und Zeit, sich Gedanken zu machen, Zeit zum Fühlen und zur Begegnung – das ist das Evangelium dieser beiden Zweijährigen. Die Oma hatte diese Geduld, stehen zu bleiben, wieder umzukehren, zu warten, zu beobachten, das Ganze dauerte einige Minuten, aber dem Kind wurde Zeit gegeben und es wurde in Ruhe gelassen.

Wie wichtig sind Großeltern für die Kleinen?

Sie sind extrem wichtig. Weil sie Zeit haben und auch, weil ältere Leute ihrer eigenen Kindheit näher sind. Ich denke, dass sie im Allgemeinen besser die Welt durch die Augen junger Kinder sehen können. Wir wissen doch, dass das Leben ein Kreis und keine gerade Linie ist. Und gerade die Omas und Opas (und auch alle anderen Familienmitglieder wie natürlich die Eltern) haben ein persönliches Interesse an diesem ganz speziellen Kind ihrer »Herde«. Sie machen es nicht von Berufs wegen, sie warten nicht darauf, dass es 17 Uhr ist und sie dann Feierabend haben. Sie sind rund um die Uhr persönlich engagiert. Es sind doch die *persönlichen* Beziehungen, die etwas bedeuten, übrigens uns allen.

Wir wissen bis heute nichts darüber, welchen Einfluss die professionelle Versorgung auf sehr kleine Kinder hat. Wir wissen nichts darüber, was geschieht, wenn sich ihr Tagesablauf außerhalb der persönlichen Beziehung zwischen dem Kind und seinen Eltern (oder Oma oder Opa) abspielt. Außerhalb derer, zu denen diese Kinder gefühlsmäßig gehören. Wir wissen es nicht, doch wir haben gute Gründe, die Konsequenzen, die sich in Zukunft daraus ergeben, zu fürchten.

Man kann diesen Unterschied auch am Verhalten Erwachsener beobachten. Nimm mich zum Beispiel. Ich bin die Großmutter von diesen zwei Kleinen, für die ich heute Morgen gesorgt habe, weswegen ich vorhin nicht hierherkommen konnte. Eigentlich war ich mit dir um zehn Uhr verabredet. Und dann habe ich dir gesagt, es tut mir leid, aber ich muss heute Morgen auf meine Enkelkinder aufpassen. Also hatte alles andere zu warten. Weil ich ihre Großmutter bin. Aber wenn mich jemand anders, den ich gar nicht kenne, oder eine Bekannte gebeten hätte, heute Morgen für drei oder vier Stunden auf ihre Kinder aufzupassen, hätte ich natürlich abgelehnt und gesagt, dass ich einen Termin habe und nicht kommen kann. Das persönliche Interesse an dem Kind macht den Unterschied. Es ist dieses persönliche Interesse, das die Tür zur persönlichen Verpflichtung, nicht umsonst nennt man sie auch »familiäre Verpflichtung«, ebenso aufstößt wie dazu, persönlich anwesend zu sein und persönliche Verantwortung zu übernehmen. Das alles geht in Hand in Hand.

Und was ist, wenn dein Chef dir sagt, dass du gefälligst um zehn Uhr zu erscheinen hast? Das ist für viele Eltern ja tatsächlich ein Problem. Und wenn es keine Oma oder keinen Opa gibt, der für das Kind da ist? In amerikanischen Erziehungsratgebern ist dann häufig die Rede von einer »Quality Time«, die Eltern ihren Kindern gewähren sollen, wenn sie von ihrer Arbeit nach Hause kommen. Es geht da um etwa 30 Minuten, die sie dann nur für das Kind da sind. Psychologen und Psychiater argumentieren also, dass es gar nicht so sehr auf die Zeitdauer ankommt, in der Eltern ihren Kindern zur Verfügung stehen, sondern auf solche »Quality Time«. Sicherlich wird hier aufrichtig versucht, für einen Ausgleich zwischen ökonomischen und den Interessen besonders von kleinen Kindern zu sorgen. Aber reicht eine halbe Stunde am Tag wirklich aus?

Vielleicht reicht sie für Fünfzehn- und Sechzehnjährige. Diese »Quality-Time-Ideologie« wurde aus ökonomischem Zwang heraus geboren, aus einem System, in dem Kinder als Hindernisse für die Erwerbsarbeit und Geldmacherei gesehen werden. Die Wurzel dieses Übels liegt in der Trennung zwischen Arbeitsleben und Familienleben, die noch auf das Industriezeitalter zurückgeht. Der heutige Arbeitsmarkt sieht anders aus, viele Menschen arbeiten per Computer von zu Hause aus oder an Arbeitsplätzen, an denen sie überhaupt nicht ständig anwesend sein müssten, aber das alte Denken aus dem industriellen Zeitalter hat sich noch nicht verändert: Das Haus abschließen, die Kinder irgendwo unterbringen, die Alten ebenso, alles, um »frei« zur Arbeit gehen zu können, d. h., sich keine Sorgen zu machen außer um den Verdienst. Das ist nicht gerade im besten Interesse von kleinen Kindern. Die Hauptaufgabe für Eltern kleiner Kinder besteht darin, *erreichbar zu sein, wenn die Kinder sie brauchen.* Es bedarf auf diesem Gebiet einer neuen Revolution.

Im »KinderBuch«, und zwar in dem Teil, der sich mit der Entwicklung von Kindern beschäftigt, versuche ich, die Leser zu trösten. Ich möchte jungen Eltern, auch wenn sie manchmal unter dem Gefühl von Unzulänglichkeit hin- und herschwanken, zu verstehen geben, dass sie nur eines immer im Kopf haben sollten: *Es reicht, einfach da zu sein.* Vieles von dem, was für Kinder als gut oder notwendig propagiert wird – organisierte Freizeitaktivitäten, Förderung, eine unveränderte Umgebung außerhalb der »Herde«, Freunde und nochmals Freunde –, steht in Wirklichkeit als Ersatz für das fehlende menschliche Zentrum, für einen unbegrenzten Zugang zur »Herde«.

Auf der anderen Seite weiß ich natürlich, dass meine Worte nur wenig Trost für diejenigen bedeuten, die aus leicht erklärbaren gesellschaftlichen und ökonomischen Zwängen davon überzeugt sind, dass es unmöglich ist, in den ersten drei Jahren ihrer Kinder zu Hause zu bleiben. Alles, was ich dazu sagen kann, ist und bleibt, dass es immer möglich ist, ein Zentrum einer »Herde« zu bilden – es ist notwendig und erreichbar: Es geht darum, für die Kinder *da zu sein.*

Wenn Menschen, die sich verlieben, ihre bestehenden Ehen zerstören, opulente Häuser dafür aufgeben, im Namen der Liebe ihr Gehalt und Prestige opfern und sich in ein Junggesellen-Apartment einmieten, das nicht unbedingt im besten Viertel der Stadt liegt, nur damit sie zusammenleben können – warum kann man das alles nicht auch für sein kleines Kind tun? Es kommt eben darauf an, wie man die Prioritäten setzt. *Du kannst die ersten drei Jahre deines Kindes retten!*

Die Fürsprecher von »Quality Time« sprechen damit die emotionalen Interessen der Kinder an. Dass diese Bedürfnisse durch einen besonders intensiven Umgang mit dem Kind gestillt werden. Für Erwachsene trifft dies durchaus zu. Vielleicht sieht sich ein Paar den ganzen Tag nicht, aber wenn sie nach Hause kommen, können sie sehr intensiv miteinander zusammen sein. Sie können diese Zeit einplanen, sie organisieren, ihr den Vorzug vor anderen Dingen geben und darauf warten. Aber für Kinder spielt sich das Leben im Hier und Jetzt ab. Wenn ich mich als Kind verletze, dann brauche ich jemanden in meiner Nähe, der mir *jetzt* hilft und mich *jetzt* tröstet. Ich werde nicht dadurch getröstet und beruhigt, dass mir jemand sagt, dass mir meine Mutter oder mein Vater in fünf Stunden hilft. Teenager machen sich zum Beispiel Tausende Gedanken am Tag und würden diese gerne mit ihren Eltern teilen oder mit jedem anderen Mitglied der »Herde«, das sich persönlich für sie interessiert. Aber wenn niemand da ist, wenn ihnen diese Gedanken kommen, weil es gerade einen Anlass dafür gegeben hat, über ihr Leben nachzudenken, wird der Jugendliche sie nicht bis zum Abendessen in vier Stunden aufheben oder bis zum Samstag, wenn Mutter und Vater präsent sind und sie etwas Gemeinsames mit ihnen unternehmen. Dann können die

Eltern noch so viel nach irgendeinem besonderen Vorkommnis fragen, von dem das Kind ihnen berichten möge – die Antwort des Kindes wird nur sein: »Nö, es ist nichts ist passiert – kann ich jetzt gehen?« Das Resultat besteht dann in Schweigen und gegenseitiger Entfremdung.

Es stimmt, »Quality Time« hat mich als Kind gerettet. Ich war in meiner Kindheit und Jugend ohne Zuhause, ohne Familie, verzweifelt, traurig und allein. Aber ab und zu kam es vor, dass eine freundliche Person mir begegnet ist und etwas Nettes zu mir gesagt hat. Früh genug habe ich gelernt, wie viel es für jeden von uns bedeutet, auf ganz einfache Zuneigung von jemandem zu treffen. Und ich bin mir sicher, dass solche plötzlichen und unerwarteten Begegnungen mit Fremden, die gerade vorbeikamen, mir buchstäblich meine Unversehrtheit und mein Leben gerettet haben. Das muss nicht einmal für eine halbe Stunde gewesen sein, sondern kann manchmal auch nur ein paar Minuten gedauert haben. So habe ich überlebt. Dann und wann den Wind von Liebe und Anerkennung in meinem Gesicht zu spüren.

Aber ich kann nicht sagen, dass es genügt hat, aus mir einen glücklichen Menschen zu machen. Ich war nie ein glücklicher Mensch und werde es auch nicht mehr sein, weil ich ein verlassenes Kind gewesen bin. Man darf Kinder nicht im Stich lassen. Genauso einfach ist es! Aber Kinder werden in unserer westlichen Welt ständig verlassen. Das ist eine Katastrophe. Noch einmal: So einfach ist es!

Dabei sollten wir auch nicht die »Kleinigkeit« vergessen, dass sich Kinder auch sozial entwickeln müssen. Dafür müssen wir mit ihnen zusammen sein, um ihnen im wirklichen Leben etwas zu zeigen, um ihnen Fähigkeiten beizubringen, sodass sie von uns lernen können. Zum Beispiel, wie man sich sozial verhält, im Großen wie im Kleinen, dass man Teil einer Gemeinschaft ist. Mit einer halben Stunde emotionalem Kontakt am Tag bekommst du das nicht hin. Um deinen Kindern soziales Verhalten beizubringen, musst du »da sein«, ihnen immer wieder durch dein Handeln klarmachen, dass sie gebraucht werden: »So musst du es machen. Ja, so machst du es richtig. Und jetzt machen wir das einmal zusammen. Mache ich es richtig – was meinst du?« Wir bestehen den gemeinsamen Kampf für unsere Existenz gemeinsam. Oder: »Heute backen wir einmal einen Kuchen, dann räumen wir gemeinsam das Geschirr ab, wir helfen uns gegenseitig aus. Ich brauche deine Hilfe, du meine, zusammen kriegen wir das hin und gemeinsam werden wir uns über das Ergebnis freuen. Danke vielmals für deinen Beitrag.« Soziale Beteiligung bedeutet – ob mit Babys oder Teenagern –, mit unseren Kindern alles das zu machen, was man wissen muss, um im Alltag zu überleben. Darum geht es: dem Kind vermitteln, was es bedeutet, ein Erwachsener zu werden, um eines Tages auf eigenen Beinen zu stehen. Selbst klarkommen. Hindernisse überwinden, in die Welt hinausgehen. Eine eigene »Herde« zu erschaffen, eine eigene Familie zu gründen, eines Tages.

Jedes Tier weiß schon, dass es genau darauf ankommt. Tiere tragen ihre Kinder bei sich oder sind immer in ihrer Nähe. Sie zeigen ihnen, wie man an Futter herankommt, wie man sich an seine Beute heranschleicht, wie man Schutz vor Feinden sucht, wie man Gefahren erkennt, wie man sie vermeidet. Sie bringen ihren Jungen bei, zu überleben. Weil sie wissen, dass ihre Jungen sie eines Tages oder schon bald verlassen werden und dann allein zurechtkommen müssen.

Wir Menschen haben diese natürliche Ordnung verändert. Wir haben unsere Kinder außerhalb dieses Lebenskampfes gestellt und das bedeutet, dass sie nicht oder nur schlecht lernen, später einmal sicher und gut auf ihren eigenen Beinen zu stehen. Und schon früh machen diese Kinder Bekanntschaft damit, was es bedeutet, einsam zu sein, hilflos zu sein. Und deshalb reagieren sie mit einem hohen Ausmaß an Ängsten.

Weil sie nicht gelernt haben, auch mit Gefahren umzugehen. Aber um sie loslassen zu können, sie auf ein Leben ohne Eltern vorzubereiten, müssen wir zuerst bei ihnen sein, müssen wir mit ihnen den Alltag, ja, ihr Leben teilen.

Wie siehst du die Rolle des Vaters in diesem ganzen Prozess?

Ich gehöre nicht zu denen, die sagen, dass immer nur die Mutter die Hauptrolle spielt. Die Mutter ist Nummer eins, wenn sie schwanger wird. Väter gebären keine Kinder, stillen ihre Kinder nicht. Gott hat es so entschieden und wir werden es nicht ändern können. Aber für das Kind hat dies nicht zur Folge, dass es in dieser Welt einzig und allein auf die Mutter ankommt. Eine Mutter kann bei der Geburt sterben oder es kann sonst was passieren und der Vater bleibt allein mit dem Kind zurück. Damit kann ein Kind klarkommen. Es geht darum, dass das Kind ein *Zentrum* braucht, jemanden, von dem es weiß, dass sie oder er für es sorgt: »Sie (oder er) ist genau die Person, die mein Überleben garantiert.« Das kann die Mutter sein oder der Vater, aber auch ein Onkel, ein Nachbar, eine Oma. »Da ist jemand, der für mich da ist, sich um meine Bedürfnisse kümmert, mich füttert, mir hilft, dass ich zu meinem Schlaf komme, über meinen Schlaf wacht, für meine Gesundheit sorgt, sodass ich mir ganz sicher bin, zu überleben. Von einem Tag auf den anderen.« In dieser Hinsicht muss aber nicht die Mutter die bedeutendste Bezugsperson des Kindes sein. In meinem Fall besaß ich keine Mutter, ich machte niemals die Erfahrung, mich an meine Mutter wenden zu können, ihr zu vertrauen, und dies, weil sie einfach nicht da war. Weder sie noch mein Vater. Als ich sehr klein war, hatten wir ziemlich viele Kindermädchen. Und irgendjemanden unter ihnen muss ich gehabt haben, die für mich da war, mich gemocht hat, denn jetzt sitze ich hier, d. h., ich habe überlebt. Hat ein Baby oder kleines Kind keinen emotionalen Kontakt, keine Bezugsperson, dann geht es zugrunde. Ein Kind, das von jedwedem emotionalen Kontakt abgeschnitten ist, stirbt, egal, wie ausreichend es mit Essen oder medizinischer Hilfe versorgt wird.

Kleine Kinder werden größer, es folgt die Schule, in der sie oft einer starken Konkurrenzsituation ausgesetzt sind, zusätzlich treiben ihre Eltern sie häufig noch an, weil sie Angst haben, dass ihre Kinder später keine Arbeit finden werden oder dass sie später zu wenig verdienen.

Nun ja, wir haben die Gesellschaft, die wir verdienen. Solange Geld zu verdienen die wichtigste Rolle im Leben einnimmt, und zwar nicht, um zu überleben, sondern weil sich der ganze Wert eines Individuums danach bemisst oder der eines ganzen Landes, werden diese Anbeter des Mammons ihren inneren Frieden dafür opfern und ebenso den ihrer Kinder und ebenso die Zukunft unserer Erde aufs Spiel setzen, in diesem wahnsinnigen Tanz ums Goldene Kalb. Der Preis für Reichtum, ob individuellen Reichtum oder gesellschaftlichen Reichtum, ist hoch, zu hoch, zumal er mit zunehmender Armut einhergeht und Abermillionen von Menschen ausschließt, die wie Sklaven arbeiten und buchstäblich dafür sterben, dass die Reichen immer reicher werden. Die Welt ist ein zynischer Planet.

Aber trotzdem werden immer wieder kleine Kinder geboren, so wie die Blätter an den Bäumen immer wieder knospen, immer wieder entsteht Hoffnung gegenüber dieser sich destruktiv und selbstdestruktiv gebärdenden Welt. Es geschieht durch die Liebe, die man auch »heilig« nennen könnte, die frei ist von Gier, vom Bösen, vom Neid und stattdessen voller Freude und Neugierde und Zärtlichkeit. Politiker, Wissenschaftler, alle, die irgendetwas tun, sollten daraus lernen! Eigentlich wissen sie, wie man diese Welt retten könnte. Aber dann werden sie erwachsen und haben es vergessen. Ich denke dabei an einen erstaunlichen Moment, von dem mir eine Mutter erzählt hat. Sie hatte ein Baby bekommen, einen kleinen Jungen. Die große Schwester war acht Jahre alt. Eines Tages beobachtete sie, wie sich ihre Tochter über den Rand der Krippe beugte und zu dem Baby sagte:»Du musst dich beeilen, um mir über Gott zu erzählen. Ich fange an, ihn zu vergessen.«

Was hältst du von diesem Leistungsdruck, davon, dass Kinder schon sehr früh den Druck und die Krise in unserer Gesellschaft vermittelt bekommen?

Eltern hatten natürlich immer den Ehrgeiz, dass ihre Kinder es später einmal besser haben sollen als sie selbst. Und wenn man ein wenig zurückblickt, wird man nicht viele Eltern antreffen, die ihrem Kind gesagt haben:»Ist doch egal, was einmal aus dir wird. Das Wichtigste ist doch, dass du später glücklich bist.«

Aber wir müssen den Satz »es später einmal besser haben« einmal genauer betrachten und uns Gedanken machen, wofür er steht. Eine akademische Karriere, ein großes Gehalt, ein riesiges Haus, teure Kleider, Vermögen und Bankdepots – steht das alles für dieses Wort »besser« im Gegensatz dazu, mit seinen eigenen Händen zu arbeiten, etwas Kreatives, auch künstlerisch, zu leisten, Felder zu bestellen, ein freier Fischer oder armer Schauspieler zu sein? Wer legt hier die Standards fest und wie werden sie begründet? Geht es dabei nur ums Geld, nur um Macht?

China hat sich jetzt zu einer wirtschaftlichen Supermacht entwickelt, bald wird es an erster Stelle stehen, mit politischen Konsequenzen, die wir alle noch nicht überschauen können. Chinesische Eltern arbeiten rund um die Uhr und ihre Kinder werden fast ausnahmslos angetrieben, in allem die Besten zu sein, unaufhörlich für die Schule und für das Studium zu arbeiten und dabei Spiel und Freizeit völlig zu vergessen. Der Druck, der dabei auf sie ausgeübt wird, ist enorm und die Selbstmordrate unter ihnen hoch. Und es stimmt ja, rein materiell gesehen ist das Leben »besser« geworden – aber ist ein hoher Lebensstandard es wirklich wert, ansonsten keine Zeit mehr zu haben, keine Kraft mehr, um diesen Lebensstandard auch genießen zu können, ganz abgesehen davon, ihn mit anderen Menschen zu teilen, die nicht an ihm teilhaben können?

Um wie viel »besser« kann also das Leben jedes Einzelnen sein oder das eines Landes oder der ganzen Welt, wenn nur die Macht des Geldes zählt und nicht das Glück der Menschen? Du weißt natürlich die Antwort, lieber Freund, denn natürlich ist es eine rhetorische Frage. Aber sie ist so wichtig!

Immer wieder haben Umfragen gezeigt, dass für die Eltern das Wichtigste ist, dass ihre Kinder *Selbstständigkeit* erlangen. Im Zusammenhang mit dem grundlegenden Bedürfnis, zu überleben, bedeutet dies, sein eigenes Geschick zu lenken. Bei den Tieren kann man studieren, wie dies geschieht. Die erwachsenen Mitglieder der »Herde« bringen ihren Jungen bei, wie man Nahrung findet, Gefahren aus dem Weg geht, sich eine Höhle zum Schutz baut, wie man überhaupt alle Aufgaben lernt, die fürs Überleben zählen. Sie üben es im Rahmen des andauernden und gemeinsamen Kampfes ums Überleben und bereiten damit die spätere *Selbstständigkeit* ihrer Nachkommen vor.

Ganz offensichtlich spielt es sich bei den Menschen genauso ab, auch hier haben die Eltern dieselben Ambitionen. Und Kinder gehen von Anfang an darauf ein: Sie alle, auch die Kleinen, wollen an diesem Kampf ums Überleben teilhaben, wenn auch auf moderne Weise. Alle Kinder wollen lernen – und wissen, dass sie ihre Aufgaben, um überleben zu können, lernen *müssen*. Deswegen müssen wir sie an diesem Kampf innerhalb der »Herde« teilhaben lassen und dürfen sie nicht davon ausschließen. Spielen und sich amüsieren können sie für sich allein, und, wie ich meine, sie können es viel besser als sich dabei langweilende Erwachsene. Aber was die soziale Teilhabe betrifft – den Schlüssel für ein *selbstständiges* Überleben –, brauchen sie die Präsenz ihrer arbeitenden Eltern.

Einem Kind zu sagen: »*Es ist doch toll, schreiben zu lernen, eine gute Ausbildung zu haben, ins Ausland zu gehen, später einmal gutes Geld zu verdienen*«*, ist ja an sich nichts Schlechtes?*

Gegen die Begründung »gutes Geld zu verdienen« ist dann etwas einzuwenden, wenn es zum Hauptmotiv der Erziehungsanstrengungen wird, sowohl was die praktischen wie auch die schulischen Fähigkeiten betrifft. Kinder kommen auf die Welt, um zu lernen – und das müssen sie auch, denn die Menschheit hat schon immer dazugelernt. Sonst würden wir heute noch auf die Bäume klettern oder im Wasser herumschwimmen, wo immer wir auch einmal hergekommen sind. Die Evolution ist eine Fortschrittsgeschichte. Insofern braucht man Kinder nicht von den Vorteilen des Lernens zu überzeugen. Sie tun es ja die ganze Zeit.

Aber ich verstehe, was du meinst. Kinder zum Lernen und für ihre Schulausbildung zu motivieren ist nicht immer leicht, weil Menschen eben auch die Tendenz haben, Schwierigkeiten aus dem Weg zu gehen. Und die Jüngeren können noch nicht so weit vorausschauen – es ist nicht immer ganz einfach, ihnen verständlich zu machen, dass Grundfähigkeiten wie Lesen, Schreiben und Rechnen die Türöffner für die Teilhabe an der weltweiten Gemeinschaft des Wissens, der Geschichte und der Kultur sind. (Auch einige Lehrer haben damit noch etwas Mühe, meinst du nicht?) Auch hierbei geht es um soziale Beteiligung, und zwar auf höchstem Level.

Lernen bedeutet Arbeit. Und eine Arbeit sollte respektiert werden. Ich frage mich immer noch, warum Eltern die Hausaufgaben ihrer Kinder machen. Ich persönlich bin mit meinen

Kindern offenbar von einem ganz und gar praktischen Standpunkt ausgegangen. Auf ihrem Weg, erwachsen, selbstständig und *frei* zu werden, um ihre eigenen Entscheidungen im Leben treffen zu können (und reif genug dafür zu sein, um zu wissen, was sie wollen und was ich ihnen natürlich *nicht* vorgeschrieben habe), habe ich ihnen nur gesagt: »Sieh zu, dass du mit der Schule klarkommst«, »Erledige deine Aufgaben«, »Es geht mir nicht darum, dass du Klassenbeste bist, aber du solltest deine Zeit nicht dadurch vergeuden, dass du in der Schule nicht mitmachst und dann ein Jahr wiederholen musst«. Das hat gut geklappt, das hat völlig ausgereicht.

8
Digital World.
Regeln und soziale Normen

Kinder sind heute viel stärker den Medien ausgesetzt, besonders aber den digitalen Medien, also Computer, Internet, den Foren wie MySpace, Facebook, ICQ oder Angeboten wie YouTube. Diese Probleme hattest du mit deinen eigenen Kindern noch nicht oder kaum, einfach deshalb, weil es das alles damals noch nicht gab bzw. weil es noch in den Kinderschuhen steckte. Aber jetzt spielt die digitale Welt eine bedeutende Rolle, auch im Erziehungsprozess. Da ist eine ganz neue Qualität dazugekommen, mit der sich Eltern heutzutage konfrontiert sehen und die ihnen viele Sorgen bereitet.

Ja, die digitalen Medien haben sich explosionsartig entwickelt – ich selbst hatte keinen Computer im Haus, bis alle Kinder ausgezogen waren! Nichtsdestoweniger hat mein Sohn in der Schule schon mit dreizehn einen Computer-Workshop belegt. Heute ist er in den Vierzigern und ein weltweit anerkannter Experte und entwickelt digitale Lernprogramme für Kinder und Computerspiele, die er besonders liebt. Er war also schon früh auf der Höhe der Zeit. Ich war es nicht. Und ich erinnere mich an die ersten »Probleme«, die ich darin sah, dass die Schule allmählich den Schülern selbst überließ, sich zu unterrichten, sodass es im Klassenzimmer keine Lehrerin mehr brauchte, zumindest weniger Lehrer als vorher, weil nun die Rechner mit ihrem Zugang zum Internet Lehrer ersetzen konnten. Auf diese Weise konnten die Schüler alles, was sie brauchen, im Netz finden. Und ich dachte für mich selbst: »Wie um Himmels willen sollen sie denn wissen, was sie von diesem Wissen wirklich brauchen?« Das Nächste, was mir anfing, Sorgen zu machen, war, dass die Computer nun nach und nach das familiäre Zuhause eroberten und Kinder Stunden um Stunden vor ihnen saßen und die Eltern anfingen, sich von ihnen ersetzen zu lassen.

Natürlich kannst du im Netz nach Fakten suchen, was eine gute Idee ist, aber was du findest, kann komplett falsch sein. Du kannst alles ins Netz schreiben, von überallher, und behaupten, das sei die reine Wahrheit, so habe es sich in der Geschichte abgespielt, und es kann alles falsch sein. Oder es stimmt. Schon im realen Leben ist es schwierig, immer zu wissen, was richtig oder falsch ist, aber das Netz ist vollkommen unstrukturiert.

Mit dem Internet ist es so wie mit allem, was neu ist. Am Anfang entwickelt es sich rasant, geradezu explosionsartig, und dann lernen wir langsam, damit umzugehen. Als meine Kinder Teenager waren, kam das Video auf und jeder sollte sich ein Videogerät zulegen und sich Filme ausleihen. Alle haben gesagt, das wird der Tod des Kinos sein, weil schließlich jeder bei sich zu Hause ein Kino einrichten kann. Und heute: Die Menschen gehen immer noch ins Kino, sogar mehr als früher.

Einmal habe ich ein paar gute Videofilme gekauft und wurde unverzüglich von einer Zeitung angerufen: »Ist das Ihr neuer Babysitter, Frau Wahlgren?« Das war natürlich Quatsch. Natürlich habe ich den einen oder anderen Film besorgt, den ich meinen Kindern zeigen wollte, warum sollte ich damit ein Problem haben? Aber viele Leute konnten schon damals keine vernünftige Grenze ziehen. Statt zu sagen: »So, jetzt haben wir den Film gesehen und es ist Schluss. Denn jetzt gibt es Abendessen«, oder: »Ihr müsst ins Bett«, blieben die Kinder die ganze Nacht auf, um sich Filme anzusehen, oder legten sich den ganzen Tag vor den Fernseher. Das war damals schon ein Riesenproblem. Und jetzt haben wir dieses Problem mit den Computerspielen und dem endlosen Surfen im Internet.

Auch hier kommt ja wieder das Moment der Isolation von Kindern dazu, ihnen eine eigene Welt zu schaffen, getrennt nicht nur von den Erwachsenen, sondern auch von ihresgleichen. Wenn du zum Beispiel ins Kino gehst, bist du mit anderen zusammen. Du kannst an ihren Gesichtern sehen, was sie fühlen. Vielleicht unterhältst du dich am Ende des Films mit jemandem, der neben dir gesessen hat, usw. Aber wenn du allein vor dem Fernseher sitzt, allein vor dem Computer ...

Mein Sohn würde dir jetzt widersprechen. Es gibt eine Menge im Netz, bei dem du mit anderen zusammen bist, dich austauschen kannst – mit jemandem in Japan, in Tschechien, egal, wo. Ein interaktives Geschehen, bei dem du den anderen treffen kannst, um dich mit ihm zum Sport auf dem Sportplatz zu verabreden, um mit ihm gemeinsam ein Spiel zu spielen oder um als Eltern mit anderen über ein Erziehungsproblem zu sprechen. Auch auf diese Weise entsteht schließlich eine fruchtbare Kommunikation.

Anders verhält es sich mit den jungen Leuten, die sich zu viel in den Neuen Medien bewegen, die nur noch in einer Scheinwelt und nicht mehr in der Realität leben, wofür es natürlich Gründe zu finden gibt. Ich bin absolut davon überzeugt, dass zwischen der wachsenden Gewaltbereitschaft von Kindern und Jugendlichen und der Vereinsamung vor dem Computer ein Zusammenhang besteht und dass es natürlich nicht gut, nicht konstruktiv ist, sich ganz dem Computer zu überlassen.

Und selbstverständlich darf die Kommunikation per Computer, so nützlich und ergiebig sie manchmal auch sein kann, die menschliche Begegnung von Auge zu Auge nicht ersetzen.

Doch auf der anderen Seite kann sie – auch wenn es paradox klingt – den persönlichen, menschlichen Kontakt zwischen Freunden, die nah beieinander wohnen, genauso wie zwischen global weit entfernten »Freunden«, die man ansonsten niemals getroffen hätte, fördern. Was auch von politischer Bedeutung ist. Ich bin da optimistisch.

Als die Computer im Arbeitsleben eine immer größere Bedeutung bekamen, hieß es, wie ich mich erinnern kann, dass man fortan auf Papier verzichten kann – doch verbrauchen wir heute nicht viel mehr Papier als jemals zuvor? Die Computer haben nicht alle diese Tonnen von Papier überflüssig gemacht, die wir heute täglich trotz Kommunikation per Computer verbrauchen. Und sie können auch keine Lehrer ersetzen oder Eltern oder wirkliche Freunde, und das wird auch so bleiben.

Mit anderen Worten, der Mensch braucht die soziale Gemeinschaft. Und braucht er sie nicht auch deshalb, um sich ihrer moralischen Gesetze und Regeln nach und nach bewusst zu werden?

Dass der Mensch die soziale Gemeinschaft anderer braucht und es, um sich in ihr zurechtzufinden, eines moralischen Gesetzes bedarf, ist eine uralte Idee: Du kannst sie in der Bibel, aber auch vielen anderen religiösen und philosophischen Texten nachlesen: »Behandele den anderen so, wie du willst, dass man dich behandelt.« Das ist eine uralte menschliche Erfahrung und Weisheit, die überall in der Welt gültig ist und die man in allen Religionen durch die ganze Geschichte der Menschheit antrifft.

Dabei kann es nicht darum gehen, diese »goldene Regel« immer wieder aufzusagen, sondern wir müssen sie unseren Kindern *vorleben.* Wir müssen ihnen vorleben, wie wir mit unseren dunklen und manchmal hässlichen Gefühlen, die wir alle in uns tragen, umgehen.

Regeln muss es geben, auch wenn die Versuchung, sie nicht zu befolgen, ab und zu groß ist. Als Mutter oder Vater kannst du es nicht vermeiden, manchmal (sogar öfter) unfreundlich oder für dein Kind unangenehm zu sein. Du musst auch einmal fest mit den Füßen auf dem Boden aufstampfen. Und zu jemandem unfreundlich sein, den du liebst, ist nicht einfach.

Wenn Menschen sich ihr Wissen nicht durch ihre eigene Lebenserfahrung erwerben müssten, könnten sich die Kinder ihre Grenzen selbst setzen und wir Erwachsenen könnten uns entspannt dabei zurücklehnen. Aber leider funktioniert es nicht so. Kinder stellen Fragen und sie tun es durch ihr Handeln. Es ist die Pflicht der Erwachsenen, ihnen darauf zu antworten – um sie anzuleiten und zu ihrem Schutz. Wenn du etwas vorschreibst, Grenzen setzt, und für gemeinsame und persönliche Werte einstehst, teilst du deinem Kind mit, dass du für es sorgst. Auf der Grundlage von Liebe und eigener Erfahrung leitest du es an und schützt es. Und Kinder merken das genau.

Menschenkinder wollen erzogen werden, um in die Gemeinschaft eingeführt zu werden und weil sie nur so in sie aufgenommen werden. Wir sind Herdentiere. Wir sind nicht dafür gemacht, allein zu leben, und wir überleben nicht lange, wenn man uns dazu zwingt. Deswegen reicht es nicht, wenn nur unsere physischen Bedürfnisse befriedigt werden. Wir leben nicht vom Brot allein.

Jede Gesellschaft hat ihre Normen. Menschen können sich nicht einfach mit dem bedienen, was sie in den Läden vorfinden, an Bushaltestellen aufeinander schießen oder lästige Verwandte von einer Klippe stoßen. Soziale Normen sind eine Tatsache im Leben und jeder hat ihnen zu folgen. Was wir dadurch gewinnen? Mitglied in der Gesellschaft zu sein. Was passiert denn mit den Menschen, die sich weigern, solchen Normen zu folgen? Sie werden aus der Gesellschaft ausgeschlossen.

Kinder wollen für ihr Überleben die Gesellschaft, in der sie leben, kennenlernen – egal ob in einer Inuit-Gemeinschaft im Yukon oder einem Beduinenstamm in der Sahara. Kinder suchen ständig nach Informationen, und gewöhnlich stellen sie ihre Fragen durch ihr Handeln. Kinder sind keinesfalls allein auf der Welt. Wenn du Auto fahren lernen willst, musst du deinen Fahrlehrer fragen und in gewisser Hinsicht ebenso dein Auto. Wenn du mit deinem Auto in den Verkehr eintauchst, kommen unendlich viele Fragen auf dich zu: »Darf ich bei Rot fahren? Darf ich zuerst fahren? Lasse ich ihn vor? Kann ich das Auto mitten auf der Straße abstellen? Wer hat an einer Kreuzung Vorfahrt? Was bedeutet dieses Verkehrsschild?«

Wenn uns der Fahrlehrer unbekümmert sagen würde: »Jeder kann machen, was er will. Mach du auch, was du willst«, gäbe es definitiv ein paar Beulen an der Stoßstange und möglicherweise käme es zu einem schweren Unfall. Wir würden ihn vielleicht überleben, aber es wäre in jedem Fall eine äußerst unangenehme Erfahrung.

Viele Kinder wachsen mit genau dieser Botschaft auf: »Jeder kann machen, was er will. Mach, was immer dir gerade einfällt.« Auch in diesem Fall werden die meisten von ihnen wohl überleben, ohne sich selbst oder andere ernsthaft dabei zu verletzen, aber sie brauchen viel Zeit, um erwachsen zu werden, und eine solche »Laisser-faire« Haltung macht es ihnen unnötig schwer, soziale Normen anzunehmen und sie zu verinnerlichen. Würden wir Erwachsenen gerne die Verkehrsordnung nach dem Prinzip von Versuch und Irrtum lernen?

Es dauert lange, bis Kinder die Normen, Regeln und Werte egal welcher Gesellschaft, in die sie hineingeboren wurden, verinnerlicht haben. Erklärungen reichen hierfür nicht aus. Sie müssen diese Normen durch ihre eigenen praktischen Erfahrungen erlernen. Wenn Kinder ihre Hände nach etwas ausstrecken, stellen sie in Wirklichkeit Fragen, und auf diese Fragen brauchen sie eine Antwort. Die Antwort muss für das Kind angemessen und befriedigend sein, und auch sie wird am besten wieder durch ein Handeln ausgedrückt.

Kinderpsychologen haben uns gesagt, dass alle Kinder irgendwann einmal einen Ladendiebstahl begehen. Aber weil es ziemlich verbreitet ist, im Laden etwas mitgehen zu lassen, darf man es doch nicht akzeptieren! Ladendiebstahl ist schlicht und ergreifend nicht hinnehmbar. Ein Kind, das sich so verhält, stellt damit eine soziale Norm infrage, die sich wie folgt formulieren lässt:»Im Laden etwas mitzunehmen, ohne zu bezahlen, ist Diebstahl. Diebstahl bedeutet, sich etwas zu nehmen, was einem nicht gehört, und das kann man nicht akzeptieren und durchgehen lassen.«

Eine mir bekannte Mutter bekam einen Anruf von der Polizei. Ihre Tochter im Teenageralter hatte ein Kleid anprobiert, sich dann ihre eigenen Sachen darübergezogen und war, als sie das Kaufhaus gerade verlassen wollte, von einem Hausdetektiv geschnappt worden. Da das Mädchen keinen Personalausweis bei sich trug, holte man die Polizei, die wiederum mit der Mutter telefonierte, sie solle auf die Wache kommen, die Personalangaben ihrer Tochter bestätigen und sie dann mit zu sich nach Hause nehmen. Verständlicherweise war die Mutter des Mädchens ziemlich aufgebracht.»Was hast du dir dabei gedacht? Du weißt doch, dass man nicht stehlen darf! Hier, nimm das Geld und kauf dir das Kleid.«

Das war nett von der Mutter, aber falsch. In Wirklichkeit hat sie ihre Tochter für den Ladendiebstahl noch nachträglich belohnt. Die Tochter hatte versucht, etwas zu klauen, und bekam für den ganzen Trouble, den sie angerichtet hat, auch noch ein Kleid. Die Mutter machte es der Tochter unmöglich, eine soziale Norm zu verinnerlichen. Stattdessen lautete die Botschaft letztendlich: Man darf etwas stehlen. Oder: Entweder du stiehlst etwas und haust damit ab – in diesem Fall kannst du behalten, was du dir mitgenommen hast. Oder du stiehlst und wirst geschnappt – und dann bekommst du einfach, was du gestohlen hast.

Wenn die Konsequenzen oder die Bestrafung den gewünschten Effekt haben sollen – also ein akzeptables statt eines unakzeptablen Verhaltens –, darf das Kind aber nicht erniedrigt werden. Viele Bestrafungen, die die Gesellschaft auferlegt, sind erniedrigend. Erniedrigung aber produziert Angst und Unterwürfigkeit, brütet ebenso Hass aus, und macht die Bestrafung völlig sinnlos.

Als Beispiel noch ein anderes Mädchen: Laura, zwölf Jahre alt, steckt sich in einem Geschäft eine Uhr in die Tasche. Niemand bemerkt es, aber ein paar Tage später entdeckt ihre Mutter die Uhr an ihrem Handgelenk. »Woher hast du die Uhr?« Laura gibt zu, dass sie die Uhr so gern haben wollte, dass sie sie sich einfach genommen hat. Ihre Mutter zwingt sie, zu dem Laden zurückzugehen, um die Uhr dort abzugeben und zuzugeben, dass sie sie gestohlen hat.

Hier handelt es sich um eine erniedrigende Strafe. Kein Erwachsener würde in aller Öffentlichkeit zugeben, dass er etwas gestohlen hat. Kein Erwachsener würde dem Ladenbesitzer eine gestohlene Uhr wieder aushändigen und sagen: »Ich habe sie bei Ihnen gestohlen.« Erwachsene können ebenso wie Kinder stehlen, bereuen, was sie getan haben, und versuchen, es wiedergutmachen. Aber ihre Erklärungsversuche gingen eher dahin, zu sagen: »Ich weiß auch nicht, wie das passieren konnte ... Ich muss die Uhr aus Versehen mitgenommen haben ... Egal, hier ist sie. Es ist mir furchtbar peinlich und ich entschuldige mich dafür.« Wahrscheinlich würde der Ladenbesitzer oder Verkäufer sogar ganz erstaunt und dankbar auf eine solch ehrliche Geste reagieren.

Eine meiner Töchter stahl im zarten Alter von sieben Jahren einmal eine Barbiepuppe aus einem Spielzeugladen. Ich erhielt einen zornigen Anruf von einer Verkäuferin, die ganz außer sich war. Ihre Entrüstung war grenzenlos. Ich dachte, ihre Tirade würde überhaupt kein Ende mehr finden – die Kinder von heute ... so fängt eine kriminelle Laufbahn an ... listige kleine Teufelin ... verlässt frech wie Oskar den Laden usw. usw. Ich war nicht gerade erfreut, versuchte aber, mich zusammenzunehmen (sie kannte mich und meine Kinder aus den Medien, also seit ich zu einer »Person öffentlichen Interesses« geworden war). Schließlich habe ich sie unterbrochen. »Schick sie nach Hause. Ich gebe ihr das Geld und sie wird es Ihnen bringen und alles zahlen.« Dann kam meine Tochter nach Hause und ich sah, was sie gestohlen hatte. Eine Puppe, die sie sich immer gewünscht hatte, und obendrein ein teures Outfit – von Kopf bis Fuß! Ihr das zu kaufen hätte ich mir gar nicht leisten können. Wir sind dann zur Bank gegangen und haben ihr Konto geplündert. Ihr gespartes Vermögen reichte genau, um das Gestohlene zu bezahlen. Dann ging sie zurück zu dem Laden und bezahlte. Und danach musste sie die Puppe und die Kleider in die Mülltonne werfen. Auf diese Weise hatte sie ihre Puppe verloren, die Kleider und das Geld, das sie so lange gespart hatte. Sie musste für ihr Handeln Verantwortung übernehmen, aber sie musste nicht vor einer selbstgerechten Verkäuferin stehen und sich selbst als Diebin bezeichnen lassen.

Mir hat es keinen Spaß gemacht, meine kleine Tochter zu bestrafen, ich habe aber die gewünschte Wirkung erzielt.

Ein Beispiel aus der Schule: Ein Lehrer erwischt einen Schüler, der gerade in einen Papierkorb pinkelt. Er bestraft den Schüler damit, dass er sich den Inhalt des Papierkorbs auf den Kopf schütten muss.

Hier handelt es sich um eine erniedrigende Strafe. Man kann über diese Eskapaden des Schülers denken, was man will, natürlich war es eklig, aber die Strafe wird völlig vergeblich gewesen sein. Wahrscheinlich wird es sich der Schüler zu seiner Angewohnheit machen, zukünftig in jeden Papierkorb der Schule zu pinkeln.

Eine Strafe hingegen, die nicht darauf aus ist, jemanden zu erniedrigen, hätte den gegenteiligen Effekt: Der Lehrer erwischt den Schüler in flagranti und sagt:»Was zur Hölle tust du da? Hol einen Eimer mit Wasser und einen Lappen und säubere den Papierkorb. Und weil du gerade dabei bist, kannst du die anderen beiden Papierkörbe auch gleich sauber machen. Beeil dich!« Ein anderer Lehrer kommt zufällig vorbei und bleibt stehen, um zu sehen, was da vor sich geht.»Bist du jetzt Hausmeister geworden, Peter? Wieso machst du die Papierkörbe sauber?« Ohne dass Peter die Gelegenheit hat, zu antworten, sagt der andere Lehrer:»Sie waren ziemlich versifft. Peter war so gut, sich bereit zu erklären, sie zu säubern.« Der Lehrer stellt sicher, dass Peter nicht unnötigerweise in Verlegenheit gebracht wird. Die Würde von jemandem zu wahren ist das Gegenteil davon, ihn zu erniedrigen.

Der Lehrer ist nicht darauf aus, Peter zu erniedrigen, noch will er seinem Kollegen dafür die Mittel an die Hand geben. Seine Absicht ist, seine Missbilligung zum Ausdruck zu bringen und das nicht zu akzeptierende Verhalten zu korrigieren, denn darum handelt es sich zweifellos, wenn jemand in einen Papierkorb pinkelt. Weil der Lehrer Peter einen Weg aufzeigt, wie er seine »Sünde« wiedergutmachen kann – er muss nicht nur den Papierkorb säubern, in den er hineingepinkelt hat, sondern auch noch zwei andere –, gibt er dem Jungen die Möglichkeit, sich zu rehabilitieren.

Und Peter ergreift diese Möglichkeit genau deswegen, weil seine Würde gewahrt bleibt bzw. wiederhergestellt wird. Das Ergebnis wird sein, dass die Tage für immer gezählt sein werden, dass er in einen Papierkorb pinkelt. Außerdem wird er denken, dass der Lehrer ein ziemlich cooler Typ ist und sich womöglich einmal für ihn stark macht, aber das ist eine andere Geschichte!

FÜNF

Gegen den Strom

9
Psychodrogen für Kinder?

Immer mehr, auch jüngere Kinder bekommen Psychopharmaka verschrieben: gegen Schlafstörungen, Depressionen, vor allem aber gegen »Lern- und Aufmerksamkeitsstörungen«. Allein die Vergabe des Medikaments »Ritalin« oder ähnlicher Präparate ist in Deutschland zwischen den Jahren 1990 und 2000 um das Dreißigfache angestiegen. Lag die Zahl der im Jahr 1990 verordneten Tagesdosen noch bei 300.000 im Jahr, waren es laut Arzneiverordnungsreport im Jahr 2003 bereits 19,8 Millionen und im Jahr 2009 bereits 52,3 Millionen Tagesdosen im Jahr.

Es ist eine Tragödie. Wenn die herrschende Psychiatrie schon jüngsten Kindern solche Medikamente verordnet – und dies nicht erst seit heute! –, dann zerstört sie meiner Meinung nach um des Profits willen das zukünftige Leben von Kindern, die völlig normal und gesund sind. In meinen Augen werden die kleinen Kinder durch die Vergabe von neuropsychiatrischen Substanzen an ihrer gesunden Entwicklung gehindert oder sie werden wirklich krank, weil die Substanzen ihr Gehirn schädigen. Auch können sie davon abhängig werden, und zwar ein Leben lang. Und der Hersteller von Ritalin in Schweden räumt zu den Nebenwirkungen ein, dass in einem von zehntausend Fällen die Einnahme von Ritalin zu einem »plötzlichen Tod« führen kann.

Die Drogenmafia, die mit dem Handel von Rauschmitteln

ihr Geld macht, ist der weltweit größte Industriezweig und verdient mit dem Drogenhandel enorm viel Geld – und ich bin mir fast sicher, dass die pharmazeutische Industrie, die ja die Herstellung von psychotropen Substanzen mit betreibt, dieses Geld gern selbst verdienen und nur ungern der Mafia überlassen will. Unterstützt wird sie bei diesem Bestreben von unseren Regierungen, denn schließlich geht es auch um Steuern, die ihnen entgehen, wenn sich Psychodrogen nicht auch legal verkaufen lassen. Ich glaube also nicht einen Augenblick, dass solche Medikamente zum Wohl unserer Kinder auf den Markt gebracht werden, geschweige denn in *ihrem* Interesse.

Nun sagen die Befürworter solcher Medikamente ja, dass es Krankheiten gibt, die die Einnahme solcher Medikamente erforderlich machen, zum Beispiel AD(H)S.

Ich denke, dass diejenigen, die solche Störungen oder Krankheiten wie AD(H)S definieren, und die pharmazeutische Industrie Hand in Hand arbeiten. Es ist wirklich schwierig, zu glauben, dass es sich dabei um echte Krankheiten handelt. Denn schließlich gibt es für sie keinen klinischen Nachweis, was nicht nur öffentlich schon mehrfach gesagt wurde, sondern von der APA, also der Psychiatrischen Vereinigung in den USA, oder von anderen Instanzen, die für die psychische Gesundheit in unserer Gesellschaft zuständig sind, auch zugegeben wird. Es ist kein pathologischer Faktor nachweisbar. Stoffwechselprozesse im Gehirn oder eine etwaige Schädigung sind schließlich kein Beweis dafür, dass dort die sogenannte »Störung« ihren Ausgangspunkt findet, also ihren Ursprung hat.

Das ist auch der Grund, warum die psychiatrische Bezeichnung für das, was man heute AD(H)S nennt, in der Vergangenheit mehrfach geändert werden musste. Am Anfang sprach man von »Minimal Brain Damage Syndrome« (MCD) oder »Minimal Brain Disease« (MBS), womit man einen *krankhaften*

Prozess im Gehirn bezeichnete. Doch weil man keinen klinischen Beweis dafür fand, musste die diagnostische Formel später geändert werden und man sprach nur noch von »Minimal Brain Dysfunktion«.

Doch wenn wir über eine *Funktionsstörung* sprechen, bewegen wir uns zunehmend auf einem reichlich unbestimmten Terrain. So mag ich für dich in mancherlei Hinsicht dysfunktional erscheinen und du für mich umgekehrt genauso. Schließlich haben wir alle unsere eigenen Vorstellungen und Normen, und wer entscheidet schon darüber, ob jemand richtig »funktioniert« oder nicht?

Solche Dysfunktionalitäten festzustellen – und es wurden mit der Zeit immer mehr – geschah und geschieht immer mit einer gewissen Absicht, die ein entsprechend gewünschtes Resultat hervorbringen soll – und in diesem Fall ging es darum, Kinder, die »nicht richtig funktionieren«, medikamentös zu behandeln. Und da eine solche »Behandlung« mit Psychopharmaka teuer ist bzw. sich damit viel Geld verdienen lässt, sind wir wieder genau bei dem, was wirklich hinter dem Ganzen steckt.

Ein weiterer Effekt besteht darin, dass in dem Moment, wo ich von einer »Krankheit« spreche, also ein bestimmtes Verhalten pathologisiere, andere Ursachen in den Hintergrund treten, d. h. die Bedingungen, unter denen unsere Kinder heutzutage lernen müssen, die frühe Krippenbetreuung unter nicht adäquaten Bedingungen und vieles mehr. Denn eine »Anomalität« ist etwas, was angeboren ist, was im Kind selbst seine Ursache haben soll und nicht in seiner Umwelt.

Sicher. Man versucht heute ja sogar, eine genetische Erklärung zu finden, und stellt das entsprechende Verhalten als vererbt hin, also als eine bei der Geburt bereits vorhandene Disposition.

Nur ein Gegenbeispiel von vielen: In Schweden trennen sich heutzutage immer mehr Eltern immer früher, oft, wenn das Kind noch nicht einmal ein Jahr alt ist. Und dann teilen sie das Kind unter sich auf, sodass es für eine Woche mit seiner Mutter lebt und die nächste Woche mit seinem Vater. Es ist den Eltern als ein Zeichen für »ausgleichende Gerechtigkeit« eben sehr wichtig. Das lässt sich in mancherlei Hinsicht verwenden. Zum Beispiel haben die Eltern jetzt zwei Haushalte, das tut der Wirtschaft sehr gut, steigert die Binnennachfrage. Doch darüber wird nicht gesprochen. Du hörst auch kein kritisches Wort darüber, was mit dem Kind passiert: Tut es *ihm* gut? – genau die Frage wird nicht diskutiert. Im Gegenteil, die Statistik sagt, dass soundso viel Prozent der Eltern mit ihren Kindern zusammenleben, was die Leute glauben macht, dass Mama, Papa und das Kind weiterhin zusammen sind. In gewisser Hinsicht stimmt das ja auch, denn das Kind lebt ja tatsächlich mit beiden Eltern, also verbringt genau die gleiche Zeit mit jedem von ihnen. Aber die Tatsache, dass die Eltern getrennt oder geschieden sind, wird dabei verschwiegen. Im Übrigen ist das ein gutes Beispiel, wie man mit Statistiken umgehen kann, und zwar so, dass du sie immer in die Richtung interpretierst, die dir wünschenswert erscheint.

Ich habe mit vielen solcher Kinder gesprochen und habe selbst zwei Enkelkinder, die jetzt erwachsen sind und die ihre ganze Kindheit und Jugend nach diesem Schema – eine Woche bei der Mutter, eine Woche bei dem Vater – gelebt haben. Und als sie alt genug dafür waren, habe ich sie gefragt, wie sie das im Nachhinein sehen. Mein Enkelsohn erzählte mir dann davon, wie er sich immer merken musste, wo sich seine Sachen gerade befanden, weil er sie mal dorthin geschleppt hatte und dann wieder dorthin und sich natürlich merken musste, wo sie sich gerade befanden. Also sein Spielzeug, die Schulsachen, die Bücher usw. Und meine Enkeltochter sagte mir dasselbe, dass sie sich nie erinnern konnte, wo was gerade war, und dann ihre Mutter anrufen musste: »Bring mir das«, oder ihren Vater: »Ich habe etwas vergessen, kannst du es mir vorbeibringen?« Dass sie dabei manchmal durcheinanderkamen, hatte selbstverständlich nicht damit zu tun, dass sie gestört oder sogar »krank« waren, um fortan mit Medikamenten behandelt zu werden.

Das alles Entscheidende aber ist, dass die Kinder, und es werden immer mehr, das, was *wirklich zählt*, aus ihrem Wortschatz streichen müssen, nämlich das Wort *»Zuhause«* – und was *das* bedeutet, darüber haben wir bereits gesprochen.

In Deutschland gibt es viele Eltern, die sich vehement für Ritalin aussprechen – teilweise nimmt diese Auseinandersetzung geradezu militante Züge an. Die Debatte wird dann sehr emotional geführt, was eventuell auch damit zu tun haben kann, dass sich Eltern, wenn AD(H)S als eine organisch bedingte »Krankheit« angesehen wird, keine Gedanken mehr machen müssen, welche Gründe sonst zu diesem auffälligen Verhalten, wenn es denn so bezeichnet werden kann, führen konnten. Zudem verschafft die Vergabe von Ritalin solchen Eltern natürlich erst einmal eine gewisse Erleichterung, weil sich das Kind, zumindest zunächst, tatsächlich »angemessener« verhält.

Man sollte es in einem größeren Zusammenhang sehen. Wir haben hier in Schweden viele junge Menschen, die keine Arbeit finden, Menschen, denen von früher Kindheit an gesagt wurde, sie seien »dysfunktional«, mit anderen Worten nicht funktionstüchtig. Sie haben dann diese hinnehmende Passivität ihrer Eltern übernommen, also das Etikett, das ihnen verpasst wurde. Zum Beispiel: »Ich kann nicht im selben Raum mit vielen anderen Leuten zusammen sein, ich bin unfähig, vor anderen zu sprechen, ich kann mich nicht konzentrieren, ich kann nicht lernen«, egal, wie immer die Diagnose lautete. Und dann fangen sie an, der Zuschreibung, in diesem oder jenem Bereich nicht oder nur begrenzt zu »funktionieren«, selbst Glauben zu schenken, und auch, dass es keine Möglichkeit für sie gibt, von diesen Problemen loszukommen – außer mithilfe von Medikamenten! Dabei haben wir doch alle das eine oder andere Problem in unserem alltäglichen Leben und versuchen es aktiv, d. h. mit unserem Zutun, zu lösen! Und vergessen wir nicht, dass wir bei den Medikamenten, die ihnen dann empfohlen werden, über Drogen sprechen und es darüber hinaus um Abhängigkeit von diesen Drogen geht. Wir sprechen von Medikamenten, aber in Wirklichkeit handelt es sich um Drogen, die die Kinder jetzt dafür brauchen, im Alltag zu bestehen – und genau das ist die Absicht der Pharmaindustrie. Es geht um neue Kunden und darum, sie für immer an sich zu binden.

Die ganze Geschichte dieser Medikamente macht es noch einmal offenkundig:

Alles begann in den 1920er-Jahren mit der Diagnose »Minimal Brain Damage«, also »minimale Schädigung des Gehirns«, und man versuchte mit den damaligen Mitteln, irgendetwas Organisches zu finden, also irgendeine wirkliche Schädigung des Gehirns bei Erwachsenen nachzuweisen, aber vergeblich.

Es war dann der Arzt Charles Bradley, der 1937 bei seinen Amphetaminexperimenten mit Kindern zufällig entdeckte, dass dieser Stoff auf »verhaltensgestörte« Kinder oft beruhigend wirkte statt, wie eigentlich erwartet, stimulierend.

Hätte ich diesen jungen Mann damals getroffen, hätte ich ihm gesagt, dass es mit Alkohol im Prinzip genauso funktioniert. Vor langer Zeit tränkte man bei uns in Schweden ein Stück Zucker mit ein wenig Alkohol, wenn Kinder nicht schlafen konnten, also mit Schnaps, und was passierte dann? Sie schliefen ein! Du kannst sagen, dass es schrecklich war, aber ich glaube kaum, dass es solche Nebenwirkungen hatte wie Amphetamin, das *direkt* unser Gehirn angreift – schließlich handelt es sich um eine neuropsychiatrische Droge. Ich hätte ihm weiter erzählen können: Wenn du damit weitermachst, dem Kind Alkohol zu geben, dann wird das Kind ruhig sein und pflegeleicht, zumindest so lange, bis das Gegenteil geschieht, wie wir wissen. Dazu braucht man sich nur anzusehen, was passiert, wenn die Teenager im Alter von 13 oder 14 Jahren anfangen, Alkohol zu trinken und kaum noch schlafen, also vom Alkohol, zumindest bis zu einem gewissen Punkt, sehr aktiv werden und sonst was anstellen. Genau dasselbe passiert mit Speed, also mit synthetisch hergestelltem Amphetamin, oder eben Ritalin.

Nicht von ungefähr hat sich schließlich auf unseren Schulhöfen ein regelrechter Drogenmarkt entwickelt, denn Schüler fangen an, ihre Pillen zu verkaufen, statt sie selbst einzunehmen, und machen damit, wenn sie nicht erwischt werden, ein gutes Geschäft. Womit wir übrigens wieder bei demselben Thema wie am Anfang angekommen sind, nur dass dieses Mal das Geld in andere Taschen wandert.

Das psychiatrische Establishment wird einwenden, dass es keinen Beweis dafür gibt, dass Ritalin oder ähnliche Substanzen süchtig machen, dass es keine Studien gibt, die belegen würden, dass die Millionen von Kindern, die diese Medikamente weltweit bekommen, von ihnen abhängig werden. Aber hat es nicht vielmehr damit zu tun, dass solche Studien von dieser Seite gar nicht durchgeführt werden? Wer anders macht denn diese Studien, wer betreibt die Forschung als die einflussreiche Pharmaindustrie selbst – und warum sollte sie den Nachweis führen, dass ihre eigenen Produkte riskant sind? So forschen sie mit Absicht nicht danach – fast alle Forschung in der westlichen Welt wird heute von der Pharmaindustrie finanziert. Und wenn sie doch etwas finden, brauchen sie es nicht zu veröffentlichen.

1963 kam schließlich der endgültige Durchbruch für das Amphetamin und der Kreis zwischen der Diagnose einer »Minimal Brain Damage« (MBD) und dem Amphetamin wurde geschlossen. Das »Institut für Kinderpsychiatrie« erprobte Amphetamin an 81 Kindern für eine Studie, die vom NIMH (Nationales Institut für mentale Gesundheit) finanziert wurde. Im gleichen Jahr fand in Washington eine Tagung über dasselbe Thema statt. Beide, NIMH und diese Forschungsgruppe, taten sich zusammen und damit fing die Verschreibung von Amphetamin bzw. Methylphenidat (der Wirkstoff in Ritalin) in der ganzen westlichen Welt an. Es war zur selben Zeit, dass ein führender Pharmakonzern in den USA anfing, Amphetamin synthetisch herzustellen, Ritalin. Um es zu verkaufen, starteten sie eine große Verkaufskampagne und sie vermarkteten Ritalin nicht nur als »Wundermedizin« für Kinder, die Schwierigkeiten machen, sondern auch die dazugehörige »Krankheit« (»Minimal Brain Dysfunction«, später »ADHS«), die für ebendiese Schwierigkeiten verantwortlich sei. Im Rahmen dieser Kampagne schickte zum Beispiel die Pharmafirma Ciba-Geigy ihre Vertreter an Schulen überall in den USA und führte als Argument an, dieses Wundermittel könne in zwanzig Minuten einen hyperaktiven, sozial auffälligen, dennoch fleißigen »dysfunktionalen« Jungen (meistens waren es Jungen, weniger die Mädchen) in einen interessierten, aufmerksamen und kooperativen Schüler verwandeln. Und natürlich waren Lehrer oder Schuldirektoren froh darüber, diese Perspektive eröffnet zu bekommen, und die besorgten Eltern, die jetzt erleichtert waren, sich selbst von ihrer Scham und ihren Schuldgefühlen befreien konnten, ebenso. Endlich bekamen sie eine Erklärung für das schwierige Verhalten ihrer Kinder, das auf einer Störung im Gehirn beruhte und entsprechend diagnostiziert werden konnte – welche Erleichterung! Noch im selben Jahr konnte ein einziger Arzt in den USA 2.000 Schulkindern pro Jahr ein entsprechendes Rezept verschreiben und damit reich werden.

Durch nicht geheime Abstimmung in der Amerikanischen Psychiatrischen Vereinigung wurden Konzentrationsstörungen und Hyperaktivität, also AD(H)S, zu einer Dysfunktion des Gehirns erklärt und galt fortan als psychische Krankheit. Innerhalb nur eines Jahres wurden allein in den USA eine halbe Million Kinder damit diagnostiziert. Und man nahm AD(H)S in das DSM (Diagnostic and Statistical Handbook for Mental Disturbances) auf, das Ärzten als diagnostische Grundlage dient.

Dieses DSM wurde 1952 das erste Mal veröffentlicht. Damals wurden in diesem Handbuch 112 verschiedene psychische Krankheiten oder Störungen aufgeführt. Zwei Jahre später war die Liste schon dreimal so lang und präsentierte nicht weniger als 370 solcher Störungen. Neu aufgenommen wurden zum Beispiel »Kontaktstörungen« (Kinder, die Schwierigkeiten haben, Kontakt zu jemandem aufzunehmen) und SED (Serious Emotional Disturbance), also Kinder mit emotionalen Auffälligkeiten.

Über ein halbes Jahrhundert haben nun viele Millionen Kinder Amphetamine verschrieben bekommen, gestern wie heute. In der gleichen Zeit hat die Anzahl von Suiziden unter Kindern enorm zugenommen. Viele Schulen können ihrer Aufgabe nicht mehr gerecht werden und die Gewalt an Schulen ist enorm eskaliert. In den USA prognostizierte das »National Center for Hyperactive Children«, dass die Hälfte aller Kinder, die Amphetamine gebrauchen, kriminell auffällig werden würde, bevor sie achtzehn Jahre alt sind.

10
Warum wir für unsere
Kinder kämpfen müssen

Wir müssen damit aufhören, mit unseren Kindern – genauso wie mit unserer Erde – so umzugehen, als gäbe es kein Morgen. Denn die Kinder sind unsere Zukunft. Sie sind unsere natürliche menschliche Umwelt, unser »menschliches Milieu«.

Unwetterkatastrophen lehren uns, dass wir dabei sind, unser Klima zu zerstören, unsere Luft und unser Wasser zu verunreinigen, die Erdoberfläche, also die wirklich lebenswichtigen Voraussetzungen. Und dies nicht nur für die Generationen, die nach uns kommen, sondern für Milliarden armer Leute bereits hier und heute, Menschen, die unter Armut und Krankheiten leiden, weil wir, die sogenannte »Erste Welt«, herzlos mit ihnen umgehen, sie für unsere Interessen ausbeuten, uns ihrer Arbeit und ihres Lebens bedienen, nur um unseren eigenen Wohlstand zu nähren. Aber solcher Wohlstand hat seinen Preis, eine Lektion, die die westliche Welt dabei ist, zu lernen. Dass nämlich die Natur stärker ist als der Mensch. Die Natur wird das letzte Wort haben, nicht das Geld. Und was wird dieses »letzte Wort« sein? Leben und Tod für uns alle, die wir alle Kinder dieser Erde sind?

Kinder werden in unserer Gesellschaft nicht gebraucht, denn sie produzieren noch keinen Gewinn. Weswegen sie und auch unsere Jugendlichen so lange mehr oder weniger verwahrt werden, bis sie für die Wirtschaft nützlich werden und

Rendite heranschaffen – dann als wurzellose, künstliche und verdinglichte menschliche Wesen, die man auf diese Weise an das gesellschaftliche System leicht anpassen kann, an ein System, das kurzfristig auf Wohlstand setzt und nicht darauf, gerechte und lebenswerte Bedingungen für die zukünftigen Generationen zu schaffen.

Du sprichst die staatliche Ganztagsbetreuung der Kleinsten in unserer Gesellschaft an, mit der du dich über Jahre hinweg auseinandergesetzt hast, mit dem »schwedischen Modell«, das jedem Kind einen Krippenplatz garantiert, so, wie es jetzt auch bei uns in Deutschland zur Diskussion steht.

Ja. Es war im Spätfrühling 1977, als ich eine Zeitung las und auf ein ganzseitiges Bild eines etwa zweijährigen Jungen auf dem Arm seiner Mutter stieß. Die Schlagzeile auf dieser Seite lautete: »Wenn die Krippe geschlossen bleibt – wo soll ich meinen Sohn unterbringen, damit meine eigene Zukunft nicht gefährdet ist?«

Es ging in dem nachfolgenden Artikel um eine Kinderkrippe, die aufgrund sanitärer Probleme schließen musste, weshalb die Eltern ihre Kinder jetzt zu Hause zu versorgen hatten. Mikaels Mutter war eine von denen, die betroffen waren. Sie studierte. Wenn sie jetzt selbst für ihren Sohn zu sorgen hätte, könnte sie das nicht mehr. Und da sie ihr Kind jetzt nicht mehr in die Krippe geben konnte, fürchtete sie, dass ihre berufliche Zukunft auf dem Spiel stand.

Beim Betrachten dieser Seite stellte ich mir vor, dass die Mutter dieses schöne, ganzseitige Foto ausschneiden würde, um es in irgendeiner Schublade zu verwahren, bis der kleine Mikael alt genug dafür sein würde, es ihm zu zeigen, und er verstehen würde, dass er und seine Mama damals tatsächlich auf einem großem Bild in der Zeitung abgebildet waren! Doch wie würde er darauf reagieren?

Er würde in diesem Augenblick, wenn nicht bereits vorher, die Entdeckung machen, dass er damals drauf und dran war, das Leben seiner Mutter zu ruinieren.

Aber wer will schon solch einen Start ins Leben? Wer will schon zu hören bekommen, dass seine pure Existenz eine Bedrohung für die Zukunft von jemandem darstellt, den man doch über alles liebt? Wer besäße schon die Stärke, mit dem Bewusstsein zu leben, dass es für diejenige, die er am meisten liebt, das Beste wäre, ihr einfach nicht im Weg zu stehen? Wer hätte die Stärke, weiter so zu leben, als sei nichts geschehen, wenn er wüsste, dass er im Grunde für den anderen nichts anderes darstellt als ein *Hindernis*?

In dieser Zeit schrieb ich für eine Zeitung eine wöchentliche Kolumne und hatte auf diese Weise ein großes Forum. Und ich begann, den positiven Einfluss ganztägiger Tagespflege für Kinder unter drei Jahren, wie er unterstellt wurde, infrage zu stellen. Die ersten sechs Artikel zu diesem Thema führten zu meinem ersten Fernsehauftritt in einer Sendung, die sich »Konfrontation« nannte. Ich hatte es mit nicht weniger als vier Fürsprechern ganztägiger Betreuung für Kinder in diesem Alter zu tun, war aber glänzend vorbereitet und habe den »Kampf« gewonnen, sozusagen »allein gegen alle«! Und zwar dadurch, dass ich mich auf die Bedürfnisse kleiner Kinder konzentrierte, also durch ihre Augen sah! In diesen Tagen sah jeder die Sendungen der beiden einzigen öffentlichen Fernsehkanäle (es gab noch kein Privatfernsehen), und so war am nächsten Tag das ganze Land in zwei Lager gespalten: die einen für, die anderen gegen Anna Wahlgren. Die eine Hälfte liebte, die andere Hälfte hasste mich. Das war sozusagen meine Geburt als »kontroverse Person«, die ich wohl bis heute geblieben bin ...

In dieser Zeit stand die »Bewegung für die Befreiung der Frau« (Women's Lib) auf der politischen Agenda. Man hatte die Bedeutung der Frauen für den Arbeitsmarkt entdeckt, andererseits war es natürlich auch ein attraktives Ziel, für seine ökonomische Unabhängigkeit zu kämpfen. Obwohl meiner Meinung nach dieser Kampf die Kinder schon damals hätte mit einbeziehen können und müssen, übernahm Women's Lib den altbekannten patriarchalischen Standpunkt, dass Kinder einer beruflichen Karriere nur im Wege stehen – so, wie Mikaels Mutter es ihren Sohn glauben machen wollte. Kinder verderben einem die Zukunft ... Man muss sich auf der Zunge zergehen lassen, was eine solche Aussage bedeutet!

Was meine Person betraf, kam noch die Provokation hinzu, dass ich selbst der lebende Beweis dafür war, dass Kinder kein Hindernis sein müssen, das man aus dem Weg räumen muss, um beruflich erfolgreich zu sein – schließlich war ich die Mutter von acht Kindern, versorgte die große Familie allein (plus meine Ehemänner), indem ich von zu Hause aus arbeitete, ohne meine Kinder jemals aufzugeben. Ich war buchstäblich die Inkarnation von etwas, das man für »völlig unmöglich« hielt. Ich glaube, dass dies auch dazu beigetragen hat, mich so vehement als Verräterin zu brandmarken.

Ich fand es jedenfalls keineswegs aufbauend, mit ansehen zu müssen, wie schnell Frauen, die gerade ihr Kind geboren hatten und es für sein kommendes Leben noch selbst ernährten, jetzt vom Staat verlangten, die Sorge und Verantwortung für *alle* kleinen Kinder zu übernehmen. Und zwar so schnell wie möglich, am besten SOFORT! Obwohl ich einen klaren Standpunkt vertrat und in allen Debatten die besseren Argumente hatte – und ich sage dir, ich wurde Jahre um Jahre fast an jeden Ort in Schweden eingeladen –, war der Kampf für die »Befreiung« der Frauen von ihren Kindern, die ihnen im Wege standen, letzten Endes wesentlich erfolgreicher: Heute hat jedes Einjährige bei uns das Recht, einer entsprechenden Ganztagsinstitution übergeben zu werden.

Kinderkrippen sind *Institutionen*. Die institutionelle Unterbringung gesunder Menschen ist per se ein zweifelhaftes

Unterfangen. Und die institutionelle Unterbringung kleinster Kinder allemal! *Kinder brauchen tiefe, nicht oberflächliche Beziehungen!*

Kleine Kinder stimmen dem, was Erwachsenen notwendig erscheint, immer zu. Egal, ob es ihnen guttut oder nicht. Genau das ist der Grund, dass sie es *überhaupt* mit sich geschehen lassen, dass man sie in Kinderkrippen unterbringt. Alle Eltern wie auch die Erzieherinnen betonen zur Begründung immer wieder: »Mama muss arbeiten. Papa muss arbeiten.« Niemand kommt auf die Idee, das Kind damit zu überzeugen, dass die Krippe ihm guttut, vielleicht sogar besser tut.

Wenn die Kinder den Eindruck haben, dass etwas für die Erwachsenen *notwendig* ist, dann stimmen sie zu. Das Kind kommt ja auf die Welt, um zu lernen, außerhalb seiner Herde zu leben, zu *überleben*, wozu es der Führung und des Schutzes bedarf, bis die Nachkommen fähig sind, ihr Geschick selbst in die Hand zu nehmen. Der Erwachsene steht sozusagen *Modell*. Denn er ist in den Augen des Kindes ein wahrer Meister in der Kunst des Überlebens. Mit Taten kommunizieren die Erwachsenen ihre Erfahrungen und Fähigkeiten dem Kind, und das Kind eignet sie sich an und ist dabei ganz arglos.

Ganz am Anfang sind die Kleinen, wo immer es sie auch hinverschlagen hat, gänzlich damit beschäftigt, zu erkunden, was in der »Herde«, zu der sie gehören, vor sich geht – also mit den Menschen, mit dem, was diese Menschen tun, wo sie wohnen, usw. Ihre Zugehörigkeit wird im gemeinsamen Kampf der »Herde« ums pure Dasein auf verschiedene Weise bestätigt, und das Kind nimmt daran teil, als Neugeborenes zuerst in mehr oder weniger passiver Weise, doch bald schon dadurch, dass es sich sozial eingliedert.

Das Kind unternimmt seine ersten »Ausflüge«, indem es sein Territorium erkundet und die Grenze seiner »Weide« zu der einer anderen Herde auf vielfältige Weise »markiert«.

Je älter das Kind wird, desto mehr dehnt es seine Ausflüge aus. Und je jünger das Kind, desto kürzer sind seine Ausflüge. Vier Jahre alte Kinder denken zum Beispiel – zumindest, wenn man ihnen die Entscheidung selbst überlässt –, dass ein dreistündiger Ausflug (ohne ein Mitglied der Herde) auszuhalten ist. Danach kehren sie dann wieder zu ihrer »Herde« zurück, in ihr Zuhause, in ihre Wohnung, wo die anderen auf sie warten: Mutter, Vater, Geschwister usw.

Wenn sie andere »Herden« besuchen, orientieren sich kleine Kinder an dem menschlichen Zentrum dieser »neuen« Herde. Wenn aber ein Mitglied der eigenen Herde des Kindes mitkommt, dann wird dieses für die Dauer des Besuches das menschliche Zentrum für das Kind bleiben.

Kleine Kinder erfahren die Ganztagsbetreuung wie einen Ausflug, der sie von ihrer eigenen Herde weg geführt hat. Sie haben keinen Grund, zu argwöhnen, dass dies ein permanentes Exil von ihrer eigenen »Herde« bedeutet, besonders wenn Mama oder Papa anfangs noch als ihr menschliches Zentrum dableiben, von dem aus sie operieren können. Ein Zentrum, zu dem sie während »ihres Besuches« immer wieder zurückkehren können.

Auf diese Weise zeigen die meisten Kinder am Anfang eine gewisse Begeisterung, wenn sie in die Krippe kommen. Doch nach und nach, wenn die Eltern immer länger wegbleiben, entdeckt das Kind, dass die Ausflüge immer häufiger werden und länger andauern. Ihre tatsächliche Zugehörigkeit ist bedroht und infrage gestellt.

Zum Beispiel kann sich die kleine Luisa, zwei Jahre alt, in der Ganztagskrippe überhaupt nicht wie zu Hause fühlen. Schließlich ist sie dort jetzt viel länger als zu Hause, und so fühlt sie sich ihrer Bestätigung, wohin sie eigentlich gehört, derart beraubt, dass sie nicht mehr weiß, wohin sie eigentlich gehört. Sie sitzt dann in der Nähe der Tür wie ein unglückliches Hündchen und wartet darauf, dass ihr Ausflug endlich zu Ende ist.

Der kleine Ivo, zweieinhalb, entscheidet sich hingegen, zu toben. Er macht aus der Not, also aus dem, was für die Erwachsenen offensichtlich notwendig ist, eine Tugend. Wenn seine Mutter ihn am Nachmittag wieder abholt, tritt und schreit er, was seinen Erzieherinnen offensichtlich egal ist, seine Mutter dagegen auf die Palme bringt.

Nach zwei Wochen allerdings hat auch er gemerkt, dass es für ihn gar nicht so einfach oder möglich ist, jeden Tag von einer »Herde« in die andere zu wechseln und wieder zurück. Er weiß zwar, wohin genau er gehört, aber ihm fehlt dafür die nachhaltige Bestätigung. Mit der Zeit wird er immer apathischer und schweigsamer und es ist schwierig, Kontakt zu ihm zu finden. Er fängt laut an zu weinen, wenn seine Mutter ihn verlässt.

Danach passt er sich den Gegebenheiten an. Zukünftig ist er mit der Krippe halbwegs zufrieden, aber er wirkt jetzt distanzierter als am Anfang, als er sich durchaus noch für die neue Umgebung begeistern konnte. Er beobachtet sozusagen aus der Ferne, was um ihn herum geschieht – er ist zu einem *Besucher* geworden.

Eines Tages, als seine Mutter ihn wie gewöhnlich abholt und er wie immer mehr oder weniger unauffällig reagiert, fällt ihr ein, etwas vergessen zu haben, und sie macht mit ihm kehrt, um es zu holen. Als der kleine Ivo bemerkt, dass sie zur Krippe zurückkehren, fängt er an, herzerweichend zu weinen. Sein Weinen steigert sich, er gerät regelrecht in Panik. Die Mutter hebt ihn trotzdem aus dem Buggy, nimmt ihn bei der Hand und will mit ihm losgehen; doch er weigert sich mit allen Kräften, auch nur einen Schritt zu machen. Die Mutter muss allein zur Eingangstreppe gehen.

Ivo wollte einfach nach Hause. Er konnte den Gedanken nicht ertragen, erneut einen »Ausflug« machen zu müssen, bevor er sich zu Hause seiner Zugehörigkeit, seiner »Herde« vergewissern konnte. Er musste jetzt wissen, wohin er wirklich gehörte. Die zeitliche Ordnung war ihm durcheinandergeraten, und für Kinder steht die lineare Zeit, also ein regelmäßiger Zeitablauf, dafür, ein vertrauensvolles, sicheres und nicht hinterfragbares Zugehörigkeitsgefühl aufzubauen.

Ein anderer zweieinhalbjähriger Junge, Stephan, gerät außer sich und fängt laut an zu schreien, als sein Vater plötzlich mitten am Tag in der Krippe auftaucht.

Der Vater kann morgens gehen und ihn am späten Nachmittag wieder abholen, ohne dass Stephan groß protestieren würde. Aber der Vater kann nicht nach Belieben *während* des »Ausflugs« von Stephan in die Krippe kommen und ihn dort besuchen, wo er doch gerade selbst »zu Besuch« ist. Seine eigenen Besuche (in der Krippe) waren für ihn nicht mehr so neu und aufregend und er hatte gerade angefangen, sich an sie zu gewöhnen.

Um diese langen und häufigen »Ausflüge« durchzustehen, musste der kleine Stephan wissen, dass er einen Ausflug macht, d. h., er musste begreifen lernen, dass seine eigene »Herde«, seine Wohnung und die Menschen, zu denen er gehörte, auf ihn warten und immer noch da sein würden. Das plötzliche Auftauchen seines Vaters hingegen verwirrte ihn und versetzte ihn in Panik. Offensichtlich kam sein Vater nicht, um sich von ihm, wie morgens üblich, zu trennen oder ihn wieder abzuholen, also seinen Ausflug zu starten oder zu beenden. Warum aber kam er dann überhaupt? Konnte es bedeuten, dass Stephans Ausflug für immer andauern würde? Konnte es sein, das seine Zugehörigkeit nichts mehr galt?

Kleine Kinder an den andauernden Aufenthalt in einer Krippe zu gewöhnen ist eine äußerst anspruchsvolle Aufgabe. Denn nicht zuletzt ist es für sie unmöglich, dort, in dieser »fremden Herde«, einen festen Mittelpunkt zu finden, ein menschliches Zentrum, von dem aus sie operieren und zu dem sie wieder zurückkehren können – sind dort doch *alle* nur Besucher. Genau dies verwirrt kleine Kinder und gibt ihnen das mulmige Gefühl, nicht genau zu wissen, wo sie sind.

Dazu kommt, dass Kinderkrippen mit schwerwiegenden strukturellen Problemen zu kämpfen haben. Ich möchte abschließend drei benennen:

Die Kinder werden in der Tagesstätte nicht gebraucht. (»Zwei Kinder sind heute krank – *gut,* dann haben wir ja heute zwei Kinder weniger!«) Würden die Kinder dagegen gebraucht, würde die Antwort lauten: »Zwei Kinder krank? Um Himmels willen, wie sollen wir denn heute ohne sie klarkommen?«

Es fehlen die strukturellen Voraussetzungen für eine gelingende Sozialisation. Die Kinder sind in der Krippe, weil ihre Eltern arbeiten. Und die Hauptaufgabe der Erzieherinnen besteht darin, sie zu beaufsichtigen, und nicht, ihr eigenes Leben als Erwachsene zu führen. Praktisch agieren sie wie Babysitter. In solchen Institutionen finden also keine Aktivitäten statt, die für die Erwachsenen lebensnotwendig sind, genau diese Lebenswirklichkeit bleibt ausgeklammert und damit die Grundlage jeder gelingenden Sozialisation.

Die Abhängigkeit vom Gehalt bedeutet zwar professionelles Engagement des Personals, das aber einseitig motiviert ist, wohingegen kleine Kinder ein sehr persönliches, gegenseitiges und zeitlich unbegrenztes Engagement brauchen.

Nach dem Schreiben des KinderBuchs und seinem großen Erfolg hast du dich den heute immer häufiger auftretenden Schlafproblemen der Allerkleinsten zugewandt. Warum? Haben diese Schlafprobleme für dich vielleicht auch damit zu tun, dass immer mehr Kinder den ganzen Tag ohne ihre Mutter oder ohne ihren Vater verbringen?

Als ich 1983 die erste Version des KinderBuchs geschrieben hatte, wollte der schwedische Verlag, dass ich alle Passagen herausnehme, in denen ich die Eltern ermutigte, die »ersten drei Jahre« des Lebens ihrer Kinder zu bewahren, um ihnen in dieser Zeit (wenigstens) einen Zugang zu ihrer »Herde« zu ermöglichen. »Aber wir wollen doch nicht, dass sich unsere Mütter schlecht fühlen, weil sie ihre Kinder morgens in die Krippe geben. Wir dürfen ihnen doch kein noch schlechteres Gewissen machen«, war die Antwort. Es wäre doch viel besser, wenn ich mich für die ganztägige Betreuung für kleine Kinder ausspreche, statt dagegen zu opponieren. Natürlich bin ich diesem Ansinnen, mich »politisch korrekt« zu verhalten, nicht gefolgt. Bei allem, was ich gesagt und geschrieben habe, bin ich immer nur vom Interesse der Kinder ausgegangen – bis heute. Ich selbst war eine Mutter von neun Kindern, habe mit ihnen Tag und Nacht zusammengelebt und -gearbeitet, und wie ich dir früher einmal sagte, waren diese Kinder so etwas wie meine Universität. Alles, was ich über menschliche Bedürfnisse weiß, habe ich dadurch gelernt, dass ich meine Zeit mit ihnen verbracht habe. Ich litt dabei unter keinem schlechten Gewissen – nicht, solange ich sie mit dem versorgt hatte, was sie mir täglich beibrachten, was wir im Übrigen alle brauchen, als Menschen aus Fleisch und Blut, als Wesen mit Körper und Seele.

Wider besseres Wissen überlassen Mütter heutzutage viel zu früh ihre Babys unpersönlicher, »professioneller« Tagespflege, was bei ihnen ihr schlechtes Gewissen auslöst. Für mich ist dieses sogenannte »schlechte Gewissen« eher ein Signal, dem man vertrauen sollte, ein inneres Signal, welches uns doch darauf hinweist, dass hier etwas sehr schlecht läuft und geändert werden muss. Wir sollten diesem inneren Signal mehr Vertrauen schenken, was dann auch das schlechte Gewissen beruhigt.

Je mehr Familien ihr Leben voneinander getrennt führen – die Mutter mit ihrer Vollarbeitszeit hier, der Vater mit seinem Ganztagsjob dort, das Kind in der Tagesbetreuung –, desto mehr regiert das schlechte Gewissen (besonders bei den Müttern, die ihre Babys gerade geboren haben und noch ernähren).

Daraus entstand eine Ideologie, die das schlechte Gewissen gewissermaßen kompensieren soll. Und so erschienen und erscheinen immer mehr Bücher und Beiträge über den angeblichen Nutzen sogenannter »Quality Time«, über die wir bereits gesprochen haben. Abwesende Väter hatten übrigens schon immer ein schlechtes Gewissen – vielleicht erinnerst du dich an deine eigene Kindheit – und kompensieren ihre Abwesenheit bis heute häufig mit Geschenken, teurem Spielzeug; oder sie spielen mit den Kindern, wenn sie nach Hause kommen, fast übertrieben viel herum. (Ehemänner mit schlechtem Gewissen, weil sie »fremdgehen«, bringen ihren Frauen anschließend ja auch gerne Geschenke mit ...) Heute versuchen auch die tagsüber abwesenden Mütter, ihr schlechtes Gewissen dadurch zu beruhigen, dass sie bis spät in den Abend mit ihren Kleinen herummachen, sie ständig knuddeln, ihnen Süßigkeiten geben und mit ihnen zusammen ins Bett gehen (während Papa auf dem Sofa schlafen muss), ihre Kinder mehrere Male nachts füttern. Aber Kinder müssen nachts schlafen. Wie übrigens wir alle!

Aus der neuen Tagesroutine, wenn beide vollzeitig arbeiten, ergab sich also geradezu zwangsläufig ein Konflikt – und in der Folge eine Häufung von gravierenden Schlafproblemen bei vielen Kindern. Schlafstörungen bei Säuglingen und Kleinkindern stellen heutzutage ein Riesenproblem dar. Es gibt kaum etwas, was Eltern so stark beschäftigt und für das so viele entsprechende Lösungen vorgeschlagen und diskutiert werden. Und wenn man bedenkt, dass man systematischen Schlafentzug als eine Methode, jemanden zu foltern, anwendet, dann wird einem das ganze Ausmaß dieses Problems sofort klar.

Doch egal, wie sich Ärzte, sogenannte »Elternexperten«, Kinderpsychologen oder welchen Titel auch immer sie tragen, »politisch korrekt« verhalten und den frischgebackenen Eltern erzählen, dass ihr Kind gar nicht so viel Schlaf braucht oder vielleicht auch überhaupt keinen Schlaf, egal, ob sie versuchen, die Eltern dahingehend zu überzeugen, dass die Kleinsten gar nicht die ganze Nacht durchschlafen können, sei es aus angeborenen biologischen oder hormonellen Gründen (was Unsinn ist), wissen die Leute, weiß jeder, dass Kinder nachts schlafen sollten. Genau, wie jeder weiß, dass jedes Kind jeden Tag etwas zu essen braucht, nicht irgendetwas, sondern was gut für seine Entwicklung und Gesundheit ist. Kinder, die nicht so essen, wie sie sollen, bereiten ihren Eltern doch auch große Probleme. Und Kinder, die nicht so schlafen, wie sie eigentlich sollten, ebenso. Noch einmal: Egal, was sie auch gesagt bekommen, die Eltern *wissen*, dass ihre Kinder nachts ihren Schlaf brauchen, und zwar viel mehr Schlaf als die Erwachsenen. Bis sie 11 oder 12 Jahre alt sind, brauchen Kinder, damit sich ihr Gehirn gut entwickelt, 12 Stunden Schlaf. Sie ihres Schlafes zu berauben ist genau dasselbe, als würde man ihnen zu wenig zu essen geben oder schlechtes Essen (wobei zu wenig Schlaf im Übrigen so wie bei uns Erwachsenen dafür sorgt, dass sie ihren Appetit verlieren). Und wie gesagt, tief in ihrem Innern wissen Eltern das, was immer ihnen die »Experten« auch erzählen.

Gesunder Menschenverstand ist eigentlich immer dort zu Hause, wo es Eltern gibt. Und dem gesunden Menschenverstand von Eltern vertraue ich wesentlich mehr als politisch korrekten Ärzten und Zeitforschern, die die Interessen des Arbeitsmarktes oder der pharmazeutischen Industrie legitimieren sollen.

Die Schlafprobleme haben also massiv zugenommen, und ich bin mir fast sicher, dass dies im Zusammenhang damit passierte, dass die Mütter der Allerkleinsten anfingen, außer Haus zu arbeiten, zumal ich mit meinen Kindern diese Probleme nicht hatte. Meine Kinder haben nachts immer durchgeschlafen.

1979 erwartete ich mein neuntes und letztes Kind, Isadora. Damals hatte ich einen Nachbarn mit einem kleinem Kind – er war sozusagen der Erste, der mit meiner »Durchschlafkur« in Berührung kam, über die ich später ein Buch geschrieben habe, das ja auch bei euch veröffentlicht wurde. Dieser Nachbar hatte also einen Jungen im Alter von acht oder neun Monaten, der nicht schlafen konnte. Die Mutter des Kindes hatte sich an eine Elternberatungsstelle gewandt und um Hilfe gebeten. Daraufhin verschrieb ihr ein Arzt ein Neuroleptikum, also ein Medikament, mit dem man gewöhnlich schwerste psychiatrische Krankheiten behandelt. Sie zeigte das Rezept dem Vater, der selbst Tagespatient in einer psychiatrischen Klinik war, worauf er völlig aufgelöst zu mir kam, mir das Rezept zeigte und sagte: »Nur über meine Leiche gebe ich das meinem Sohn, ich weiß, um was es sich handelt, besten Dank!«

Ich hatte von dieser Verschreibungspraxis damals noch nie gehört und fragte ihn, um welches Medikament es sich denn handeln würde, und er antwortete: »Wenn du völlig deinen Verstand verlierst, also im Falle von Schizophrenie, psychotischen Schüben, Delirium usw., mit anderen Worten, wenn man dich schlicht und ergreifend ›ruhigstellen will‹, dann bekommt man es verschrieben, und eine einzige Dosis kann dich für achtzehn Stunden lahmlegen.«

Dieser Arzt verschrieb die doppelte Dosis wie für einen ausgewachsenen Mann mit neunzig Kilo Körpergewicht. Und andere taten es bei Kindern, die gerade mal sechs Monate alt waren. Natürlich stand auf der Packung und dem Beipackzettel, dass dieses Medikament Kindern unter zwei Jahren nicht gegeben werden darf, aber sie machten es eben doch.

Zunächst habe ich es nicht für möglich gehalten. Aber da ja ständig Eltern um mich herum waren und zu mir kamen, erfuhr ich, dass dies in Wirklichkeit tatsächlich geschah, bis heute.

Ich schrieb einen Artikel mit dem Titel »J'accuse« (Ich klage an), als ich herausbekam, dass seinerzeit etwa jedes fünfzehnte

Baby unter einem Jahr solche Medikamente verschrieben bekam. Die Öffentlichkeit war schockiert. Ärzte wurden gefragt, ob sie das wirklich täten, und oft war die Antwort, dass die Eltern ihr Kind so behandelt wünschten, dass die Eltern geradezu gierig nach Medikamenten seien. Also waren es wieder einmal die Eltern, die man für alles verantwortlich machte und denen allein man die Schuld zuwies.

Ich halte das für einen medizinischen Skandal. Und in den 1980er-Jahren nahm man den Kinderärzten noch mehr als heute alles ab und ging davon aus, dass sie nur das Beste wollen, also nur helfen und keinem Kind schaden.

Heute, 30 Jahre später, ist es bei uns fast zum Normalfall geworden, auch völlig gesunden Kindern Medikamente zu verschreiben. Neuroleptika und Antihistaminika werden heutzutage schon den Kleinsten verschrieben, Medikamente, die sie wirklich lahmlegen, auch wenn die meisten Kinderärzte *wissen*, dass es schlecht ist. Um sich selbst die Hände nicht schmutzig zu machen, ist so eine Standardformel: »Ich mache es nicht, aber viele meiner Kollegen.«

Ich hatte Erfolg, dem kleinen Nachbarsjungen zu helfen. Und so gelang es ihm, der zuvor des Nachts so ziemlich jede Stunde aufwachte, innerhalb von nur drei Tagen die ganze Nacht wieder durchzuschlafen. Ich hatte mich erinnert, dass ich meine Kinder, wenn sie als Baby einmal nicht gut einschlafen konnten, immer in ihrem Kinderwagen etwas hin- und hergeschoben hatte – nur hatte dieser kleine Kerl keinen Kinderwagen und schlief in einem ganz normalen Bett. Auf diese Weise entwickelte ich, als er die allererste Nacht schrie und immer wieder vor lauter Kummer aufwachte, die sogenannte »Knuffmethode«, um denselben Effekt zu erzielen wie beim Hin- und Herbewegen des Kinderwagens. Und ich hatte damit Erfolg – es beruhigte ihn und er schlief ein. Ich war überglücklich.

Natürlich wachte er anfangs immer wieder auf, sodass ich

immer wieder dieses lautlose und effektive »Knuffen« wiederholte. Am nächsten Morgen war ich ganz erschöpft und schlief selbst auf dem Sofa ein, als ich ihn wieder hörte. Ich war zu müde, um jetzt noch einmal aufzustehen. Ich sagte ihm mit bestimmter und freundlicher Stimme: »Gute Nacht und schlaf gut ein«, in der Hoffnung, er würde mich auf dem Sofa liegen lassen. Immer wieder sagte ich zu ihm dieses rhythmische »Gute Nacht und schlaf gut ein«, so lange, bis er wieder ruhig war. Und wieder einschlief – ganz von selbst.

So kam meine »Durchschlafkur« also »ans Tageslicht«, besser gesagt, ins Dunkel der Nacht ...

Danach habe ich meine »Durchschlafkur« für Kinder weiter ausgearbeitet und fortentwickelt, wobei es etwa dreißig Jahre gedauert hat, sie zu perfektionieren.

Die sogenannte »Hilfe«, die Elternberatungsstellen und Kinderärzte heutzutage Eltern anbieten, deren Kinder unter Schlafstörungen leiden, besteht entweder in der Verschreibung von Neuroleptika oder Antihistaminika oder im Verordnen der »kontrollierten Schreimethode«, bei der Eltern den Rat bekommen, unter passiver Beobachtung ihr Kind bis zu 5 Minuten einfach schreien zu lassen, bis das Kind irgendwann von selbst aufhört. Manchmal werden Kinder, die unter akutem Schlafmangel leiden, auch in Krankenhäusern mit der Schreimethode stationär behandelt, während die Eltern nach Hause gehen, um selbst Schlaf zu finden. Die Auswirkungen dieser »Behandlung« sind, das kann ich dir wirklich sagen, schlecht, sehr schlecht.

Mit meiner »Durchschlafkur« biete ich also eine dritte Alternative an, eine gesunde, harmonische und liebevolle Schlafkur, die wirklich hilft – was natürlich mit einem entsprechenden Prestigeverlust beim ärztlichen Establishment einherging und einhergeht. Was mir nichts ausmacht, schließlich will ich nicht ihnen zu Diensten stehen, sondern *den Kindern* helfen, die sich nicht beklagen.

Ich glaube mit dieser Schlafkur wirklich die Einzige zu sein, die sowohl theoretisch wie auch praktisch begriffen hat, worauf es ankommt, damit Kinder gut (ein)schlafen können. Was nicht so ganz stimmt, denn eigentlich haben schon Generationen von Eltern gewusst, wenn auch nicht bewusst, wie man kleine Kinder beruhigt, indem man ihnen vermittelt, dass ihnen keine *Gefahr* droht, sodass sie friedlich und sicher einschlafen können. Es sind Eltern, die später einmal sagen: »Meine Kinder haben immer die ganze Nacht durchgeschlafen, ohne dass ich irgendwelche ›Methoden‹ anwenden musste.« Aber die sogenannten »Fachmänner«, die frischgebackene Eltern beraten, haben diesen Code NICHT geknackt, nämlich *was* genau Kinder gut schlafen lässt. Und dieser Code besteht eigentlich nur aus einem Wort: S-I-C-H-E-R-H-E-I-T! D. h., dem Kind die *unbedingte Gewissheit* zu geben, dass es sich in Sicherheit befindet.

Wie du weißt, erkläre ich die Durchschlafkur detailliert und ausführlich, sowohl theoretisch wie auch praktisch, in meinem »DurchschlafBuch« (das bereits in viele Sprachen übersetzt wurde). Das *Grundprinzip* für die Durchschlafkur aber ist nach wie vor ganz einfach: Dem Kind dort, wo es einschläft, seine *Überlebensangst* zu nehmen und es stattdessen zu *beruhigen*.

Auf jeden Fall kamen immer mehr Familien zu mir – ich empfing etwa vier Kinder im Monat bei mir zu Hause in Gastjön und half Eltern auch bei ihnen zu Hause. Während der zurückliegenden Jahre habe ich etwa 800 Kindern dabei geholfen, nachts zwölf Stunden durchzuschlafen und sich ihres sicheren Schlafes zu erfreuen, den sie doch so unbedingt brauchen. Als ich älter und müder wurde, wusste ich, dass ich diese Arbeit fortan an andere delegieren muss. Also habe ich das »DurchschlafBuch« geschrieben und auch andere Eltern ausgebildet, wie sie anderen Eltern helfen können – wozu ich auch mein gut besuchtes »Elternforum« ins Netz gestellt habe. So habe ich mich heute – fast! – von dieser Aufgabe zurückgezogen.

Aber die wunderbare Arbeit geht weiter. Und dass sie wunderbar ist, liegt daran, wie wunderbar die Kinder sich entwickeln, wenn sie von ihren Schlafproblemen geheilt werden, wenn sie einfach gut ausgeschlafen und glücklich in ihr Leben blicken. Befreit von ihrer »Überlebensangst«, schlafen sie friedlich wie in Morpheus Armen. Sie essen gut, sie lachen und bringen ihre Liebe anderen gegenüber eindrücklich zum Ausdruck. Für mich ist das immer wieder ein Wunder. Es ist alles so völlig normal – wie es eben von Natur aus sein soll!

Und auch das Familienleben erholt sich wieder. Statt sich wegen der schlaflosen Nächte zu trennen, planen Mama und Papa ihr nächstes Kind...

1992 geschah dann etwas Seltsames. Die Weltgesundheitsorganisation (WHO) verlangte, dass Neugeborene und Kleinkinder auf ihrem Rücken schlafen sollen, weil sie sonst Gefahr laufen würden, am »plötzlichen Kindstod« (SIDS – Sudden Infant Death Syndrome) zu sterben.

Früher einmal – also zu der Zeit, als ich meine ersten Kinder hatte, 1962, 1963 – nannte man SIDS den »unerklärbaren Krippentod« (Unexplicable Cot Death) und auch ich hörte damals mit Riesenschrecken das erste Mal davon. Ohne jede Vorwarnung würde man die Babys tot in ihren Wiegen finden, obwohl mit ihnen doch absolut alles in Ordnung war, sie also völlig gesund gewesen waren. Eine Autopsie brachte auch keine Hinweise auf eine Krankheit, sie waren also vollkommen gesund gewesen. Es kam sehr, sehr selten vor, aber es passierte. Offensichtlich hörten sie, während sie schliefen, einfach auf zu atmen und starben unbemerkt.

Wie du selbst als Vater weißt, vergisst man die ersten Monate seiner Kinder sehr schnell. Haben deine Söhne viel geschrien? Waren sie nachts oft wach? Wie ging es ihnen, als sie nach ihrer Geburt wieder zu Hause waren? Ich wette, dass du dich vielleicht noch an das eine oder andere erinnern kannst, aber hauptsächlich daran, wie es damals war, Vater geworden zu sein. Stimmt's?

So ist es eben: Wir vergessen. Eine Mutter, die auf der Entbindungsstation tausend Mal zu sich selber sagt, diese nicht auszuhaltenden Schmerzen kein einziges Mal mehr in ihrem Leben ertragen zu wollen, wünscht sich bereits einige Monate später ein neues Kind. Sie vergisst schnell, was sie sich kurz zuvor noch geschworen hat ...

Aber ich habe nichts vergessen, denn ich hatte immer ein Baby im Haus. Einige Jahre später, nachdem mein letztes Kind, Isadora, auf die Welt kam, bekam ich schon mein erstes Enkelkind Disa, und danach kamen weitere hinzu – jetzt sind es bald sechzehn. Und während ich die Durchschlafkur entwickelt habe, kamen immer neue frischgebackene Eltern mit ihren Babys zu mir. Nächstes Jahr werde ich siebzig und blicke zurück auf ein halbes Jahrhundert, in dem ich ständig und bei Tag und bei Nacht mit Babys und Kleinkindern zu tun hatte, und so habe ich wirklich alles gelernt, was man nur über sie lernen kann. Ich sage immer, dass die Kinder unsere besten Lehrmeister sind – und hatte keine Chance, es jemals zu vergessen! Und wollte es auch nicht.

Über eines machen sich alle Eltern größte Sorgen, und zwar wenn sie feststellen, dass ihr Baby unregelmäßig atmet. Kannst du dich selbst noch daran erinnern? Gerade die Neugeborenen schnappen manchmal nach Luft, so als würden sie ersticken, oder manchmal kommt es einem vor, als würden sie gar nicht mehr atmen – was übrigens stimmt. Häufig kann bei Neugeborenen, ob am Tag oder in der Nacht, die Atmung bis zu 40 Sekunden aussetzen – die Luft so lange anzuhalten bekommt übrigens kaum ein Erwachsener hin. Instinktiv spüren also alle Eltern, dass die Atmung ihres Kindes nicht automatisch regelmäßig erfolgt, sobald sie die Gebärmutter verlassen haben. Und deswegen machen sie sich – völlig zu Recht – große Sorgen und gehen immer wieder zur Wiege oder zum Bettchen ihres Kindes, um nachzuschauen, ob noch alles stimmt. Und es passiert tatsächlich, wenn auch sehr, sehr selten, dass ein Baby während seines Schlafes nach diesem kurzen Atemstillstand sozusagen »vergisst«, wieder Atem zu holen, und stirbt. Nach drei Minuten kann es dann schon zu spät sein, das Kind daran »zu erinnern« (indem man es berührt oder dreht, also leicht weckt). Und genau deshalb war ich so begeistert davon, dass es dafür ein Atemalarmgerät gibt – für mich ein technisches Wunderwerkzeug.

Vor etwa fünfzehn Jahren bekam ich einen kleinen Enkelsohn, der Schlafprobleme bekommen hatte. Als er fünf Monate alt war, bat mich meine Tochter, Felicia, um Hilfe. Sie brachte ihn zu mir nach Gastjön, wo ich ihn davon »kurieren« sollte, und ging dann wieder. Wie gesagt, er war mein Enkel. Normalerweise ist es schon schwierig genug, Kindern von anderen Eltern zu helfen, denn passiert etwas, ist man dafür verantwortlich. Und das kann fast noch schlimmer sein, als wenn es sich um das eigene Kind handelt. Aber jetzt war es mein Enkelkind und ich dachte mir, nicht eine Minute schlafen zu können, aus Angst, er könnte aufhören zu atmen. Ich legte mich zu ihm ins Zimmer, sodass ich seinen Atem die ganze Nacht über kontrollieren konnte. O.k., vielleicht war ich ein wenig übernervös. Auf jeden Fall habe ich diese Nacht in schrecklicher Erinnerung.

Am nächsten Tag hörte ich das erste Mal von einem Atem-Alarmgerät, das ein lautes Signal aussendet, wenn ein Baby plötzlich aufhört zu atmen. Ich ließ mir eines schicken und installierte es unter seiner Matratze und beobachtete das kleine, grün aufblinkende Lämpchen, das mir zeigte, dass er regelmäßig atmet. Es ließ mich selbst gut schlafen, denn jedes Mal, wenn ich aufwachte, konnte ich auf das blinkende Lämpchen schauen, ich war wirklich erleichtert und glücklich.

Ich habe dieses Alarmgerät dann allen empfohlen, weil es wirklich eine große Erleichterung bedeutet.

Wie du siehst, hat der »unerklärbare Krippentod«, später »plötzlicher Krippen- oder Kindstod« (SIDS) genannt, nichts mit der Schlafposition des Kindes zu tun, sondern mit dem häufiger auftretenden Atemstillstand, der im Extremfall zu lange andauern kann. Und deswegen ist dieses Alarmgerät für mich bis heute ein Segen. Schon nach zwölf Sekunden ertönt ein durchdringendes Signal, wenn das Kind aufgehört hat, zu atmen. Eine zärtliche Berührung oder eine leichte Drehung des Kindes, und es »erinnert sich« daran, wieder weiterzuatmen.

Hätte das Kind auch sonst weitergeatmet? In den allermeisten Fällen ja. Normalerweise passiert das auch, wenn das Gerät Alarm schlägt. Du stürzt zur Wiege deines Kindes und das Kind hat schon angefangen, weiterzuatmen. Aber weil du dir eben nicht hundertprozentig sicher sein kannst, ist einmal mehr sicher besser als einmal zu wenig!

Ich ging also davon aus, dass der »plötzliche Kindstod« eine durchaus erklärbare Tragödie darstellt. Wie wir wissen, kommen unsere Babys noch »unfertig« auf die Welt. Die Lungen dienen der Atmung, aber bevor das Kind zur Welt kommt, werden sie ja noch nicht gebraucht. Also braucht es einige Monate, bis der Atemmechanismus zuverlässig und automatisch abläuft. Dasselbe trifft ja auch auf den Magen und das Verdauungssystem des Kindes zu. Alle inneren Organe des Fötus werden im Bauch der Mutter gebildet, aber natürlich gibt es dort keine Luft zu atmen und keine Nahrung, die das Kind verdauen muss, um nur zwei Beispiele zu nennen. Versuch und Praxis kommen dann vor der automatischen Regulation und Perfektion.

Menschen, auch die ganz kleinen, sind Säugetiere. Bei jedem neugeborenen Kind kannst du Schritt für Schritt die menschliche Evolution verfolgen. Der ungeborene Fötus trägt die Rudimente von Kiemen und Schwanz. Wir sind so wie kleine Kaulquappen, wir alle, und stehen dann irgendwann auf beiden Beinen, atmen die Luft ein, die uns umgibt, bewegen kreuzweise unsere Arme und Beine, denken mit unseren riesig großen Gehirnen, die so groß sind, dass unsere Babys ein bisschen zu früh auf die Welt kommen, weil sie sonst gar nicht mehr aus ihrer Mutter herauskommen könnten. Schritt für Schritt laufen wir zu unserer menschlichen Höchstform auf, zuerst kriechen wir wie eine Schlange, bewegen uns wie ein Krokodil nach vorne, robben auf Händen und Füßen wie ein Seehund und verzichten schlussendlich auf jegliche Hilfsmittel, um auf unseren eigenen Füßen zu stehen, bevor wir dann anfangen, zu laufen. Diese vier motorischen Entwicklungsschritte und die sie begleitende neurologische Entwicklung gehören untrennbar zusammen. Analog dazu entwickeln sich unsere fünf Sinne.

Dies ist ein Grund, warum mich gerade die kleinen Babys so faszinieren. Mit anderen Worten, es geht mir dabei nicht nur um ihre emotionale Entwicklung.

Sie fangen an, zu sehen – in der Gebärmutter gab es kein Licht. Ihre Augen brauchen also das Licht, um zu funktionieren. Was frischgebackene Eltern wissen! Genau deswegen gehen sie mit ihrem Kind zum Fenster, zeigen ihm Lichter, einen Spiegel, das Feuer. Alles, was glänzt und funkelt. Und zeigen ihm klare, einfache Farben, auf die das Kind schauen kann.

Sie fangen an, zu hören – natürlich, sie hörten auch im Bauch ihrer Mutter schon Geräusche, aber jetzt brauchen ihre kleinen Ohren mehr davon. Deswegen sprechen Eltern mit ihren Babys, auch wenn sie nicht erwarten, eine entsprechende Antwort zu bekommen; deshalb spielen sie ihnen Musik vor, weisen sie auf den Gesang eines Vogels hin oder das Bellen eines Hundes, d. h., sie führen sie in alle möglichen Arten natürlicher Geräusche ein.

Sie fangen an, etwas zu spüren – wir wissen nicht viel darüber, ob ein Kind in der Gebärmutter Berührungen wahrnimmt, aber sicherlich nimmt der Spürsinn hier seinen Ausgang – wenn es die Nabelschnur »spürt«, seine eigenen Füße und Hände, seinen Mund, wenn es am Daumen lutscht. Der körperliche Kontakt ist für jedes Neugeborene ein absolutes »Muss«. Deswegen berühren Eltern ihre Babys, nehmen sie in den Arm und streicheln sie, aber wissen instinktiv auch, dass das Baby mehr braucht als nur die Berührung der Haut – dass es alles um sich herum berühren möchte, also spüren. (Wenn du einem Kleinkind sagst: »Fass das nicht an«, bedeutet es also dasselbe, als würdest du zu ihm sagen: »Hör auf, etwas spüren zu wollen!«) Eltern nehmen die kleine Hand des Babys und lassen es die Katze streicheln, den Hund oder das Pferd. Sie bieten ihm sowohl weiche wie auch harte Materialien an, dünne und dicke. Und diese Berührungen sollten sich keinesfalls nur auf seine Hände beschränken. Weswegen man ihnen zu Hause auch keine Socken anziehen sollte, ebenso wenig, wie sie drinnen Handschuhe tragen.

Sie fangen an, zu riechen – denn natürlich ist die Welt voller Gerüche. Das war in der Gebärmutter wohl nicht der Fall. Die kleine Nase hatte da drin noch keine besondere Aufgabe. Aber jetzt, draußen hat sie diese! Eine Blume riechen. Riechen, wenn das Essen zubereitet wird. Und auch, wenn Gefahr droht. Wie wir wissen, hängt der Geruchssinn eng mit dem Geschmackssinn zusammen, und sogar schon Neugeborene, wage ich zu sagen, kennen den Geruch guter Nahrung (der Muttermilch) im Gegensatz zu schlechtem, vergiftetem oder unverdaubarem Essen.

Sie fangen zu schmecken – ist etwas gut oder schlecht? Kleine Babys bewerten noch nicht. Sie schmecken bloß, und da sich ihr Geschmackssinn langsam entwickelt, müssen sie immer mehr schmecken und brauchen das dazu geeignete »Material«. Weswegen sie sich auch alles in den Mund stopfen, wenn sie die Kontrolle über ihre Handbewegungen erlangt haben. Und auch das wissen alle Eltern und lassen das Kind ein kleines Stückchen einer Zitrone probieren – und sind gespannt auf den entsprechenden Gesichtsausdruck! Süß, sauer, bitter und salzig sind die vier Basisgeschmacksrichtungen. Die Muttermilch schmeckt so süß ...

Wenn die Babys flach auf ihrem Bauch liegen, finden sie ihre Hand ganz in der Nähe ihres Mundes und fangen an, an ihr zu saugen, was sie nicht aus Notwendigkeit heraus tun und höchstens bedeuten kann, dass sie Hunger haben. An seiner Hand zu saugen bemüht drei unserer fünf Sinne: etwas zu spüren, etwas zu riechen und etwas zu schmecken – (dem man nicht durch einen Schnuller zuvorkommen sollte, der doch tot ist wie ein Stein).

Während all der Jahre, die ich nun mit Kindern jeden Alters verbracht habe, habe ich immer wieder vieles zu hören bekommen, was absolut unsinnig ist. So hieß es zum Beispiel Anfang der 1960er-Jahre, dass industriell hergestellte Muttermilch besonders gut für die Kinder sei. Na klar, damit konnte man ein besseres Geschäft machen als mit dem natürlichen »Stoff«. Um mehr Kunden aufzutun, ging die Nahrungsmittelindustrie damit in die sogenannten Länder der »3. Welt«, wo man armen Müttern das weiße Puder in großen Mengen zunächst gratis andiente. Als man sie erst mal an der Angel hatte und sie dafür bezahlen sollten, brach über sie die Katastrophe herein, denn sie konnten sich die künstliche Milch nicht leisten, während ihre eigene Milch versiegt war. Tausende von Babys starben.

Damals realisierte ich das erste Mal, dass selbst Neugeborene und Kleinkinder, die doch in der Regel »heilig« sind (und dies bis heute, zumindest für die meisten Menschen), Ziel industrieller Ausbeutung werden können. Ziel eines Profit-strebens, das deshalb so erfolgreich funktioniert, weil Eltern, besonders Mütter, für ihre Kinder – was ganz natürlich ist – nur das Beste wollen. Frischgebackene Eltern sind ein höchst dankbares Objekt aller Arten von PR-Kampagnen, die auf das Wohlbefinden kleiner Kinder abzielen.

Damals, während des Trockenmilchskandals und seiner Folgen in der 3. Welt, bemühte man die WHO, die prompt ein Dekret erließ, dass alle Mütter ihre Neugeborenen stillen sollen, mindestens ein Jahr. Später haben sie die Zeitspanne auf ein halbes Jahr verkürzt. Alle Mütter sollten ihre Kinder fortan stillen, ob sie es konnten oder nicht. Ich will hier nicht in alle Details gehen, aber auch dieses »Dekret« der WHO führte zu Tragödien, auch wenn sie – Gott sei Dank – keinen tödlichen Ausgang nahmen... (Im Übrigen lag die WHO damit falsch, denn ab dem Alter von vier Monaten können und wollen die Babys auch schon zusätzlich zur Milch feste Nahrung zu sich nehmen.)

Ein anderer Skandal ereignete sich, als ich meine ersten Kinder bekommen hatte. Viele werdende Mütter – so meinen zumindest Männer – sind in der Zeit ihrer Schwangerschaft besonders nervös, überbesorgt und psychisch unausgeglichen. Also lancierte eine pharmazeutische Firma eine Art »Wunderpille«, damit die werdenden Mütter wieder ruhig und ausgeglichen werden. Man versicherte, dass die Tabletten hundertprozentig sicher seien und den Fötus in keinster Weise schädigen würden. Die begleitende PR-Kampagne war sehr erfolgreich. Ich erinnere mich, mir damals selbst überlegt zu haben, diese Tabletten zu kaufen. Denn natürlich machte ich mir Sorgen – nicht, weil ich besonders schwache Nerven hatte, sondern weil das Gefühl von Sorge Teil der wachsenden Verantwortung ist, die sich einstellt, wenn man ein Kind erwartet. (Auch Männer, also werdende Väter, spüren diese Besorgtheit, aber soweit ich weiß, war die Pille nicht für sie gedacht.)

Das Medikament war nicht sicher, im Nachhinein stellte sich alles als eine große PR-Lüge heraus. Die Mütter, die dieses Medikament auf Rezept ihres Arztes regelmäßig genommen hatten, bekamen missgebildete Kinder. Ohne Ausnahme.

Nachdem wieder einige Zeit vergangen war und ich bereits mehrere Kinder bekommen hatte (1962–1979), bemerkte ich, dass immer mehr Kinderärzte dazu aufriefen, alle Kinder impfen zu lassen. Ab 1975 wurden Kinder bereits massenweise geimpft, und zwar gegen die »guten alten Kinderkrankheiten« wie Masern, Scharlach, Röteln oder Mumps, und man ging davon aus, sie damit endgültig aus der Welt zu schaffen – zumindest aus der reichen westlichen Welt. Dahinter steckte die mehr oder weniger offen zugegebene und auch ausgesprochene Vorstellung, dass Kinder nicht mehr krank werden sollen, weil ihre Eltern dann nicht mehr mit ihnen zu Hause bleiben und sie gesund pflegen müssen – statt zur Arbeit zu gehen und Geld zu verdienen.

Ich selbst folgte diesen Anweisungen nicht. Alle Jahre hindurch habe ich meine Kinder, sobald ich hörte, dass ein Kind in der Nachbarschaft an einer dieser typischen Kinderkrankheiten erkrankt war, hingebracht, damit es sich möglichst früh ansteckte. Natürlich wurden sie krank, nicht ernstlich krank, und waren danach, was diese Krankheiten betraf, immun für ihr ganzes Leben.

Und dafür sind sie eigentlich da, diese sogenannten »Kinderkrankheiten«: Sie bauen ein Immunsystem auf und bewahren das Kind in Zukunft davor, an ihnen zu erkranken.

Die WHO, die jetzt ganz offensichtlich mit der Pharmaindustrie zusammenarbeitete, lag auch hier falsch. Impfungen gegen Kinderkrankheiten sorgen nämlich nicht automatisch dafür, dass ein Immunschutz entsteht. Und egal, wie oft man sie impfte – die typischen Kinderkrankheiten blieben bestehen. Im Zuge der Massenimpfungen tauchten rätselhafte Erkrankungen auf, die man sich nicht erklären konnte. Plötzlich schien jedes Kind, das man kannte, an einer Milchallergie zu leiden. Wieso das? Wie kann man denn eine Allergie gegen etwas entwickeln, das die Natur der Mutter für ihr eigenes Kind mitgegeben hat?

Irgendetwas lief hier gegen das, was ganz natürlich ist, aber was?

Über Nacht benannte man den »unerklärbaren Krippentod« in »plötzlichen Kindstod«, SIDS, um, also in »Sudden Infant Death Syndrome«, wofür wiederum die WHO verantwortlich war. »Unerklärlich« ließ man also fallen und ersetzte das Wort durch »plötzlich«. Und wieder die Frage: »Warum?«

Und was ist das Syndrom, welches dahintersteckt? Eine Neigung, zu sterben? Gibt es also Babys, die mehr als andere dazu neigen, an SIDS zu sterben, gibt es eine entsprechende Disposition? Genau dies meint das Wort Syndrom doch. Ein Baby kann zu vielem disponiert sein, doch der »plötzliche Kindstod« ist etwas so Schlimmes, dass man es sich gar nicht vorstellen mag: Wie kann man von einer individuellen Disposition sprechen, bevor man weiß, welche Schädigung möglicherweise zugrunde liegt? Und um welche Schädigung handelt es sich?

Heute wissen wir, was die Impfstoffe alles enthalten: Quecksilber, Aluminium, Formaldehyd, Frostschutzmittel, Glycerin, Cadmium, Azeton – um nur einige zu nennen, viele davon sind giftig. Und diese Gifte werden den Kleinsten direkt in ihren Blutkreislauf gespritzt. Die Pharmaindustrie verdient sehr viel Geld damit. Wusstest du, dass bei uns alle Neugeborenen kurz nach ihrer Geburt eine erste Impfung erhalten, ohne dass die Mutter, die davon nichts weiß, dazu NEIN sagen kann? Es handelt sich um so etwas wie ein Koagulationsvitamin (Vitamin K) – worauf das Neugeborene ja irgendwie reagieren wird, einige von ihnen vielleicht auch schlecht reagieren. Ich glaube kaum, dass dies von Natur aus so vorgesehen war ... Der

Beipackzettel besagt, dass das Koagulationsvitamin nicht solchen Neugeborenen gespritzt werden soll, die auf einige darin enthaltenen Stoffe überempfindlich reagieren. Kannst du mir sagen, wer von den werdenden Müttern im Kreißsaal einen solchen Beipackzettel studiert? Und wie soll man überhaupt wissen, ob ein Kind, das gerade fünf Minuten auf der Welt ist, auf dies oder jenes überempfindlich reagiert?

Von 1975 bis 1992 hat der »plötzliche Kindstod« (SIDS) statistisch zugenommen. Über etwas, das früher einmal extrem selten vorkam – sodass man kaum davon hörte –, wissen heute alle Eltern Bescheid. Man hat gesagt, dass in Norwegen oder Schweden jedes Jahr viele Hunderte von Kindern daran sterben.

Nach meiner Auffassung, wie ich sie vorhin erläutert habe, »vergessen« einige Babys einfach im Tiefschlaf, wieder Atem zu holen, weil sich ihre Atemmechanismen noch nicht automatisiert haben. Demzufolge kann der »plötzliche Kindstod«, wenn überhaupt, nur in der allerersten Zeit auftreten. In Schweden tritt er am häufigsten nach der Geburt im 3. und 5. Monat auf, und im 2. und 4. Monat in den USA. Und was passiert zu diesen Zeiten? Die Kinder werden geimpft.

Gibt es einen Zusammenhang? – Das ist die große Frage.

1992 forderte die WHO, wie gesagt, dass die Babys fortan auf dem Rücken schlafen sollen, denn es gäbe statistische Beweise dafür, dass Kinder, die auf dem Rücken schlafen, nicht an SIDS sterben würden, wohingegen das Risiko bei Kindern, die auf dem Bauch schlafen, erhöht sei.

Um welche Statistiken handelte es sich? Sah denn irgendjemand in die statistischen Unterlagen, bevor die Massenimpfungen 1975 begannen? Bevor aus dem »unerklärbaren Krippentod« ein »Syndrom« wurde?

Eben nicht.

Und warum nahm die statistische Wahrscheinlichkeit im Jahr 1992 so signifikant ab?

War es reiner Zufall, dass die Pharmaindustrie im selben

Jahr diskret das giftige Quecksilber aus den Impfstoffen entfernte, weil die Nebenwirkungen zu gefährlich waren? Ich glaube nicht an Zufälle.

Um vom Problem der Massenimpfungen und den damit womöglich verbundenen »Nebenwirkungen« abzulenken, versetzte die WHO mit Erfolg frischgebackene Eltern mit dem »plötzlichen Kindstod« in Todesängste. Doch was ich aus der kürzlich erfolgten Impfkampagne gegen die Schweinegrippe gelernt habe, und nicht nur ich, ist die Tatsache, dass die WHO manipuliert, was sie will und wen sie will, und damit auch das Risiko verschweigt, was die Impfstoffe bei kleinen Kindern anrichten können. Es geht dabei um die Profite der Pharmaindustrie und sonst gar nichts! Man nennt es auch Korruption.

Als die Gesundheitsbehörde in Japan das Impfprogramm für Kinder unter zwei Jahren stoppte, verschwand der »plötzliche Kindstod«. Dann betrat die Pharmaindustrie erneut die Szenerie und startete eine erneute PR-Kampagne. Und die Impfungen wurden auch bei Kindern unter zwei Jahren wieder durchgeführt. Der »plötzliche Kindstod« kehrte mit zurück.**

Eltern sind zu mir gekommen, wenn ihre Kinder keinen Schlaf finden konnten, und ich habe die Kinder, wie immer, auf den Bauch gelegt. Es ist die Lage, die gesunden Schlaf am besten fördert. Auf dem Rücken einzuschlafen gelingt auch – besonders bei den Neugeborenen, deren Schlaf ganz tief und unbewusst erfolgt, aber nach drei Wochen, wenn das Kind »aufwacht«, was ich als seine eigentliche Geburt betrachte, behindert die Rückenlage den Schlaf des Kindes. Was nicht so schwer zu verstehen ist. Stell dir einen kleinen Hund, eine kleine Katze, ein kleines Fohlen vor. Wenn du sie umdrehst – mit allen vier Beinen in der Luft –, würden sie sich so sicher

---

** Scheibner, Viera (1993): Vaccination – 100 years of orthodox research shows that vaccines represent a medical assault on the immune system (S. 59–71; www.whale.to/vaccines/scheibner1.html

fühlen und die ganze Nacht schlafen? Sicherlich nicht. Oder stell dir stattdessen einen kleinen Frosch vor – auch unsere Neugeborenen sind wie kleine Frösche (wie ihre Eltern sie ja auch gerne nennen).

Kleine Kinder sollten auf einer flachen, harten und warmen Unterlage schlafen – ganz so wie ein kleiner Frosch. Du kannst es selbst beobachten: Wenn du ein Baby auf den Bauch legst, ist der kleine Frosch sehr glücklich!

Aber natürlich haben auch die Eltern, die zu mir kommen, diese Angst vor SIDS. So war ich immer froh, sie mit dem Atemalarmgerät beruhigen zu können. Ich habe von ihnen einfach verlangt, es zur Schlafkur mitzubringen und es bis zum Alter von zehn, elf Monaten zu benutzen, um auf der sicheren Seite zu sein.

Umso mehr war ich überrascht, dass die Fachleute, also Ärzte und andere »Autoritäten«, von dem Gerät abrieten.

Warum? Ich finde keine andere Erklärung als die, dass sie am Syndrom »plötzlicher Kindstod« unbedingt weiter festhalten wollen: »Don't touch my SIDS«. Weil man mit SIDS die Nebenwirkungen von Impfstoffen kaschieren kann. Es ist ein Verdacht, der mir wirklich erst kürzlich gekommen ist, und zwar deswegen, weil ich mir ansonsten keinen Reim darauf machen kann. Ein Verdacht? Die Pharmafirma Sanofi Pasteur erklärt in ihrer Produktinformation, dass die Dreifachimpfung gegen Diphtherie, Tetanus und Pertussis zu SIDS führen kann![***]

*** www.vaccineshoppe.com/image.cfm?doc_id=5966&image_type=product_pdf / S. 11

Epilog

Wie finden wir aus dieser Situation, dass die Welt nicht gut zu unseren Kindern ist, deiner Meinung nach heraus?

Es gibt eine Hoffnung, die ich immer noch in mir trage und die auch aus dem kollektiven Bewusstsein der Menschheit nicht wegzudenken ist, die Hoffnung auf unsere Fähigkeit, uns nicht nur anpassen zu können, sondern Dinge verändern zu können – um zu überleben.

Wenn wir über die realen Probleme sprechen, also dass wir dabei sind, unseren Planeten zu zerstören, was wir offensichtlich tun, dass wir unsere Kinder nicht gut behandeln, dass wir die Schönheit, die Zukunft, die Liebe nicht mehr achten, dann stehen uns nur noch zwei Wege offen. Ein Weg würde zu unserem Untergang führen und wir würden wahrscheinlich gerade noch ein Dutzend Generationen überstehen.

Wenn ich Gott wäre und hätte den Menschen geschaffen, die Erde erschaffen, das Leben, würde ich heute vielleicht etwas irritiert sein und diesen kleinen Menschenwesen dort unten vielleicht sagen: »Ich bin ziemlich ärgerlich über euch, denn ich habe euch diese wunderbare Erde gegeben, dieses wunderbare Leben, ja, ein wirkliches Paradies, und alles, was ihr braucht, um glücklich zu sein, um ein schönes Leben zu haben. Aber ich habe euch auch den freien Willen gegeben, etwas daraus zu machen – was womöglich mein Fehler gewesen ist. Zum Beispiel passt ihr nicht mehr gut auf eure Kinder auf, sorgt nicht mehr gut für sie. Also werde ich euch bestrafen. Ihr werdet keine Kinder mehr bekommen können. Eure Kinder werden die letzten sein. Weil ihr sie nicht verdient, weil ihr nicht gut für sie sorgt.« Vielleicht, wenn ich Gott wäre, würde ich die Menschen unfruchtbar machen, weil der Mensch sich nicht um seinen Nachwuchs kümmert.

Wenn wir für unsere Nachkommen nicht sorgen, dann sorgen wir nicht für unsere Zukunft, denn die Kinder *sind* die Zukunft. Die Kinder sind doch die Zukunft des Lebens hier auf unserer Erde, die Zukunft dieses Planeten, aber wir tun alles, ihn zu zerstören, mit anderen Worten, wir zerstören die notwendigen Überlebensgrundlagen der kommenden Generationen. Das ist der eine Weg, den wir einschlagen können, und er bedeutet das Ende von uns allen.

Die Alternative dazu bestünde darin, dass es uns gelingt, diesen Planeten zu retten, die Werte, die die Liebe für diesen Planeten, auf dem wir leben, ausmachen, also die Liebe zu Kindern, die doch die Zukunft bedeuten, die Liebe dafür, dass wir leben, die wir die Ehre oder das Geschenk erhalten haben, hier sein zu dürfen und auf dieser Erde unser Leben zu verdienen. Dass wir, statt zu zerstören, uns an all dem, was uns lieb und wert ist, erfreuen.

Besaßen wir Menschen nicht schon während der ganzen Evolution das bemerkenswerte Talent, uns nahezu perfekt an die sich verändernden Lebensbedingungen anpassen zu können? Trotz unserer konstitutionellen Schwäche, dass wir zum Beispiel nicht drei Tage ohne Wasser auskommen können, dass wir nicht eine einzige bitterkalte Nacht draußen überleben, dass wir also ziemlich schwach sind, haben wir uns die Welt untertan gemacht, was weder die Löwen noch die Dinosaurier, die bekanntlich schon längst ausgestorben sind, hingekriegt haben. Aber uns gibt es noch, wir sind die mächtigste Spezies, wir sind diejenigen, die die Welt beherrschen. Wie das geschehen konnte, habe ich an jedem Kind, das ich geboren habe, immer wieder von Neuem studieren können, denn ich konnte die Evolution beobachten, wie sie sich in der Entwicklung eines jeden neugeborenen Kindes spiegelte, in seinem Aufwachsen von einem kleinen Nichts, von einem Embryo hin zu einem erwachsenen Menschen, der fest auf seinen beiden Beinen steht, mit einem Gehirn, das wir immer noch nicht ganz verstehen, dessen Fähigkeiten endlos zu sein scheinen.

Wir haben tatsächlich den freien Willen, wir *können* eine Wahl treffen, was für uns die oberste Priorität haben soll. Ist es, im Hier und Jetzt Geld zu machen, dass mein Land das reichste und mächtigste auf der Welt ist, dass meine Freunde Öl besitzen, das sie mir geben, oder was zählt wirklich? Welchen Preis will ich dafür zahlen, ein besseres Leben zu leben?

Wir müssen aus der Geschichte lernen, dass unser Überleben davon abhängt, *welche* Wahl wir treffen, denn in unserem Leben können wir immer eine gute oder eine schlechte Entscheidung treffen, es gibt immer die eine oder die andere Alternative. Und oft geht es dabei um eine Frage, wie sie die großen Philosophen schon seit Menschengedenken bewegt hat.

Was mache ich, wenn ich mich in einem voll besetzten Boot mit zehn Menschen befinde, und zwei andere wollen sich schwimmend in das Boot retten, sie bitten um ihr Leben, aber ich weiß, dass das Boot dann womöglich kentern und sinken wird und alle Menschen sterben? Wenn das, was wir Liebe nennen, in dieser Situation die Verantwortung für eine Entscheidung übernähme, dann würde ich diesen beiden Menschen die Hand reichen, auch wenn ich wüsste, dass ich dadurch vielleicht mein eigenes Leben verliere. Aber ich würde es tun. Mit anderen Worten – wenn Menschen auf das hören, von dem sie wissen, dass es richtig ist, also ihrer inneren Stimme folgen, nenne es Liebe oder Gott, dann werden sie es tun. Auch um den Preis ihres eigenen Untergangs. Die Geschichte der Menschheit hat dies oft bewiesen.

Ginge ich jedoch nur von meinem eigenen Interesse aus,

müsste ich natürlich sagen: »Tut mir leid, ihr könnt von mir aus ertrinken.« Aber wenn es dann Abend und Nacht wird und ich vielleicht wieder sicher und geborgen in meinem Bett liege, würde ich genau wissen, dass ich diese beiden Menschen in den sicheren Tod geschickt habe. Weil es mir wichtiger war, meine eigene Haut zu retten – und auch das ist sehr menschlich. Aber würde ich jemals aufhören, mir Vorwürfe zu machen, so egoistisch gehandelt zu haben? Würde ich jemals aufhören, mich selbst zu fragen, was denn passiert wäre, wenn ich sie doch ins Boot geholt hätte und wir alle durchgekommen wären – wer kann das schon wissen? Vielleicht wäre ein Wunder passiert, wie also konnte ich mir so sicher sein? Auf diese Frage kann es keine eindeutige Antwort geben.

Nennen wir es den ewigen Kampf zwischen Mammon und Gaia, jene Göttin, die alles Leben hervorbringt und ernährt. Gaia kämpft nicht, aber sie rettet die Welt – oder nicht. Es ist unser freier Wille, die richtige Entscheidung zu treffen.